Rechtskunde für
Pferdehalter und Reiter

2
Reiten

Rechtsanwalt
Eberhard Fellmer
Hamburg

Verlag Eugen Ulmer Stuttgart

Rechtskunde für Pferdehalter und Reiter
Band 1: Pferdekauf
Band 2: Reiten
Band 3: Pferdehaltung und Pferdezucht

CIP-Kurztitelaufnahme der Deutschen Bibliothek

Fellmer, Eberhard
[Sammlung]
Rechtskunde für Pferdehalter und Reiter. —
Stuttgart : Ulmer.
Bd. 2. Reiten. — 1978.
  ISBN 3-8001-7038-8

© 1976 Eugen Ulmer GmbH & Co., Gerokstraße 19, Stuttgart
Printed in Germany
Einbandgestaltung: A. Krugmann, Stuttgart

Inhaltsverzeichnis

Reitunfall 9
Der Reitunfall — aus juristischer Sicht 9
Wer haftet wie und warum beim Sturz vom Pferd?
Reitpferde — Luxus- oder Nutztiere? 13
Reiten nur noch auf eigenes Risiko? 14
Gefälligkeiten ohne Risiko — Aber für wen? 17
Reitbahnunfall — Wer haftet? 21
Reitsport — „Handeln auf eigene Gefahr"? 23
Zur Frage des Mitverschuldens bei Schadenersatzansprüchen
Wenn das Landgericht zur „Wettkampfjury" wird 27
Schadenersatz nur bei regelwidriger Sportausübung!
Mitverschulden und kompensierende Tiergefahr 31
Freizeichnungs- und Freistellungsrevers bei Gefälligkeitsritten 33
Reiten mit gesundheitlichen und juristischen Folgen
— nicht nur ein Unfall, sondern auch die körperliche
Konstitution des Reiters können zu Körperschäden führen 35

Reitunterricht 38
Problemfälle beim Reitunterricht 38
Auch Amateurreitlehrer haften 40
Pferdebiß und „sozialer Zwang"
Grundsatzentscheidung über Unfallentschädigung
bei unerfahrenen Reitschülern 43
Sorgfaltspflicht beim Abteilungsunterricht 47
Zum Haftungsausschluß bei Mietpferden 49
Zum Ausschluß der Tierhalterhaftpflicht 52

Gelände- und Jagdreiten 53
Unterschiede in straf- und zivilrechtlicher
Verantwortlichkeit des Reiters im Straßenverkehr 53
Pferde-Führen verboten? 55
Reiten auf verbotenen Wegen
Zur Problematik der Waldgesetze 57
Unfall beim Ausritt 61
Die moralische und juristische Verantwortung
des erfahrenen Reiters beim Ausritt 62
Bei Jagdunfällen nur bedingter Schadenersatz 66

Pferdesportveranstaltungen 69
Strafrechtliche Haftung des Veranstalters 69
Wer haftet wie?
Schadenersatzpflicht von Reitjagdveranstaltern
und -teilnehmern für verletzte Zuschauer 75
**Die Sorgfaltspflichten des Turnierveranstalters
bei Parcoursaufbau und Zuschauerabgrenzung** 78

Recht der Reitlehrer und Bereiter 80
**Sind die Berufsbezeichnungen „Reitlehrer"
und „Diplom-Reitlehrer" geschützt?** 80
Rahmenregelung für freiberufliche Reitlehrer 83
Der Reitlehreranstellungsvertrag 84
Verantwortlichkeitsbereich des unterstellten Reitlehrers 88
Schadenersatzansprüche eines Bereiterlehrlings
Die Abgrenzung der rechtlichen Anspruchsgrundlagen bei Arbeitsunfällen 90
Berufsrisiko plus Reiterpech
Leben Berufsreiter doppelt gefährlich 95
Bereiterhaftung bei der Vorstellung fremder Pferde auf Turnieren 99
Urlaubsanspruch des angestellten Reitlehrers 100

Versicherungsschutz 101
Vorsorge durch Versicherungen 101
**Die Rechtsgrundlagen für Haftung und Schadenersatz für Reiter, Pferdebesitzer,
Reitlehrer und Vereine** 103

Übersichten und Musterverträge
Freizeichnungs- und Freistellungsrevers 33
Haftungsausschluß bei Mietpferden 49
Reitlehreranstellungsvertrag 86
Tabellarische Übersicht der Haftungs- und Schadenersatzgrundlagen 103

Anhang 109
Auszug aus
— dem Bürgerlichen Gesetzbuch (BGB) 109
— der Reichsversicherungsordnung (RVO) 111
— dem Strafgesetzbuch (StGB) 111
— der Straßenverkehrsordnung (StVO) 111

Stichwortverzeichnis 112

Vorwort

Man mag es als Ironie des Schicksals ansehen wollen, wenn der Verfasser die Kapitel des zweiten Bandes seiner Rechtskunde für Pferdehalter und Reiter just in einer Klinik zusammenstellt, in der er sich wegen eines siebenfachen Unterschenkeltrümmerbruchs, erlitten auf einer Reitjagd, kuriert. In diesem Falle waren der Unfall und der Eintritt des Schadens höhere Gewalt, vielleicht auch ein Eigenverschulden.

Und hier sind wir bereits bei dem Hauptthema dieses Bandes: Die Differenzierung zwischen Eigenverschulden, Fremdverschulden, Mitverschulden oder höherer Gewalt im zivilrechtlichen und im strafrechtlichen Wertungsbereich. Selbstverständlich muß auch einen gewissen Raum die Gefährdungshaftung des Tierhalters einnehmen, da oftmals der Reiter zugleich Pferdbesitzer ist. Ein umfassenderes Eingehen auf diese Spezialhaftung soll aber dem dritten, in Vorbereitung befindlichen Band Pferdehaltung und Pferdezucht vorbehalten bleiben.

Mein Buch ist kein fachjuristischer Leitfaden; denn am Anfang stand nicht die Idee eines Buches, sondern auch dieser zweite Band stellt nichts anderes als die Systematisierung und Aktualisierung von Einzelartikeln dar, die aus meiner Feder unter dem Themenbereich Rechtsfragen in den letzten Jahren im „Sankt Georg" erschienen sind. Für den Nichtjuristen hat dies aber auch sein Gutes: Die Probleme werden von verschiedenen Seiten beleuchtet und besprochen und erscheinen unter Inkaufnahme einzelner Wiederholungen um so plastischer.

Wie der erste Band „Pferdekauf", so stellt auch dieses Buch kein Patentrezept dar, indessen mag dem Reiter hier eine Chance gegeben werden, juristische Probleme oder Rechtsfolgen rechtzeitig zur Kenntnis zu nehmen, bevor ihn ein Schaden belastet.

Die Auswahl in der Zusammenstellung der Beiträge war nicht immer einfach, denn ich durfte diese nicht nur mit den fachlichen Augen des Rechtsanwaltes vornehmen. Besondere Aufmerksamkeit habe ich aber gerade denjenigen Kapiteln gewidmet, die den Reitlehrer und seinen Schüler betreffen.

Auch bei der Bearbeitung dieses zweiten Bandes gilt ein herzlicher Dank meinem ehemaligen Referendar Herrn Dyprand von Queis für seine wertvolle Mitarbeit; seine juristischen und reiterlichen Erfahrungen haben mir die Arbeit wieder sehr erleichtert.

Nehms/Wildbad   Eberhard Fellmer

Reitunfall

Der Reitunfall – aus juristischer Sicht

– Wer haftet wie und warum beim Sturz vom Pferd? –

„Was, mit dem Wallach wirst Du nicht fertig? – Laß mich doch mal rauf!" Und prompt setzt das Pferd den allzu hilfsbereiten „Hobby-Ausbilder" unsanft in den Sand. Krankenhauskosten, Schadenersatz- und Schmerzensgeldforderungen sind die Folge. Wie sind solche Fälle rechtlich zu behandeln?

Reiterunfälle aus juristischer Sicht sind ein sehr komplexes Thema. Der Anwalt und der Richter werden erst dann mit diesen Problemen befaßt, wenn der Verletzte Ersatz für die entstandenen Schäden und Ausgleich für die erlittenen Schmerzen erlangen will und der zur Verantwortung Gezogene eine Ersatzpflicht ablehnt. Es ergeben sich bei den Reiterunfällen mehrere juristische Problemkreise:
1. Worauf sind die Ansprüche des Verletzten gerichtet? D. h. welche Rechtsfolgen kann der Anspruchsteller aus dem Unfall herleiten?
2. Gegen wen können diese Ansprüche geltend gemacht werden?
3. Wie wirkt sich etwaiges eigenes Fehlverhalten oder auch nur eigenverantwortliches Verhalten des Verletzten auf den Umfang der Haftung aus?

Zur Frage nach den Rechtsfolgen läßt sich folgendes sagen: In Betracht kommen sowohl Ansprüche auf Schadenersatz wie auf Schmerzensgeld (§§ 249, 253, 847 Abs. 1 Satz 1 Bürgerliches Gesetzbuch – BGB).

Schadenersatz

Schadenersatz (§ 249 BGB) bedeutet Ersatz der entstandenen materiellen Schäden z. B. der zerrissenen Kleidung, der Arzt- und Krankenhauskosten, sofern sie nicht von der Kasse getragen werden, sowie der beruflichen, finanziell meßbaren Nachteile. Besteht ein Schadenersatzanspruch, so werden auch die damit in Zusammenhang stehenden Folgeschäden ersetzt. So passiert es sehr häufig, daß der Verletzte nach einem schweren Reitunfall auch nach seiner Gesundung erhebliche Konzentrationsstörungen hat. Verliert er aus diesem Grunde seinen Arbeitsplatz und muß er sich auch umschulen lassen, so ist der Differenzbetrag zwischen dem Verdienst vor und nach dem Unfall ersatzpflichtig. Dies gilt auch für die Folgeschäden, die zur Zeit des Unfalls und der Klage in ihrem Ausmaß überhaupt noch nicht feststehen.

Schmerzensgeld

Das Schmerzensgeld (§§ 253, 847 BGB) soll dagegen dazu dienen, einen Ausgleich für die immateriellen Schäden und Schmerzen zu geben sowie dem Verletzten Genugtuung zu gewähren. Bei Reitunfällen sind typische Fallkonstellationen für die Gewährung von Schmerzensgeld psychische Schäden, die mit der Verletzung in einem Kausalzusammenhang stehen, Kummer über äußerliche Entstellungen, Befürchtungen hinsichtlich bleibender Folgeschäden, bei Frauen auch verminderte Heiratschancen.

allgemeine Deliktshaftung

Zur Person des Ersatzpflichtigen und zu den Anspruchsgrundlagen ist folgendes zu sagen: Zunächst gilt, wie im gesamten Deliktsrecht, daß derjenige haften muß, der für den Schaden „verantwortlich" ist. Verantwortlich nach dem allgemeinen Schadenersatzrecht ist derjenige, der das schädigende Ereignis schuldhaft, d. h. vorsätzlich oder fahrlässig, herbeiführt (§ 823 BGB). Das ist der Reitstallbesitzer, der dem Reitanfänger, dessen Fähigkeiten er kennt, ein kaum zu bändigendes, schwieriges Pferd gibt. Verantwortlich ist ferner der Reiterkamerad, der durch sein eigenes unvorsichtiges Verhalten den Unfall provoziert.

Tierhalterhaftung

Daneben gibt es die besondere Tierhalterhaftung (§ 833 BGB). Der Eigentümer, der zumeist auch der Halter des Pferdes sein wird, haftet als solcher für Unfälle, die durch sein Pferd verursacht werden, unabhängig vom eigenen Verschulden (§ 833 Satz 1 BGB; der Begriff des Halters ist Gegenstand besonderer Darstellung der Anfangsbeiträge in Band 3 „Pferdezucht und -haltung ohne Risiko"). Diese Tierhalterhaftung ist also eine reine Gefährdungshaftung, die grundsätzlich immer bei Unfällen eingreift, an denen ein Tier ursächlich beteiligt ist.

positive Vertragsverletzung

Ein vertraglicher Schadenersatzanspruch wegen schuldhafter Verletzung vertraglicher Pflichten kann gegen jeden geltend gemacht werden, der sich zur Überwachung des Pferdes verpflichtet, sofern es sich hierbei nicht um eine reine Gefälligkeit handelt. So haftet z. B. anstelle des Vereins der nebenamtlich tätige Reitlehrer, wenn unmittelbar zwischen ihm und den Reitschülern ein Vertrag über die Erteilung von Reitunterricht besteht. In einem derartigen Fall ist allerdings ein schuldhaftes Verhalten des Reitlehrers erforderlich (§ 276 BGB). Die reine Gefährdungshaftung greift nur bei Ansprüchen gegen den Tierhalter ein.

Berufsunfälle

Erleidet der Verletzte als Bereiter den Unfall in Ausübung seiner beruflichen Tätigkeit, so handelt es sich um einen Arbeitsunfall, für den die Berufsgenossenschaft des Arbeitgebers haftet (§ 547 Reichsversicherungsordnung – RVO). Hier gibt es kein Schmerzensgeld

(§ 636 Abs. 1 Satz 1 RVO). Etwas anders und sehr problematisch stellt sich die Sachlage dar, wenn eine sogenannte „gemischte Tätigkeit" vorliegt. Das ist z. B. der Fall, wenn ein Bereiterlehrling zwar nur verpflichtet ist, die dem Lehrgestüt gehörenden Pferde zu betreuen, jedoch auf Anweisung des Lehrherrn auch sonstige, betriebsfremde Pferde versorgen muß und hierbei einen Unfall erleidet.

Solche Verrichtungen, die sowohl den Belangen des (Lehr-)Betriebs als auch anderen unternehmensfremden Interessen dienen und sich nicht eindeutig in einen betriebseigenen und unternehmensfremden Teil aufgliedern lassen, stehen nur dann als gemischte Tätigkeit unter dem Schutz der Sozialversicherung, wenn sie wesentlich betrieblichen Zwecken dienen. Ist dies nicht der Fall, muß der Unfallgeschädigte die allgemeinen Ansprüche aus Delikt und Vertrag, die oben ausgeführt sind, geltend machen (siehe auch später „Schadenersatzansprüche eines Bereiterlehrlings"). *gemischte Tätigkeit*

Ein sehr bedeutendes Problem ist die Haftungsbeschränkung bzw. ein völliger Ausfall der Haftung aufgrund des eigenen Verhaltens des Verletzten.

In neuerer Zeit haben hohe deutsche Gerichte den Schutzbereich der Tierhalterhaftung einschränkend ausgelegt. Dies läßt sich am besten an einem konkreten Fall veranschaulichen: Der Eigentümer und Halter einer Stute kam mit seinem Pferd nicht zurecht. Seine Versuche, es weiter auszubilden, blieben erfolglos. Während einer Übungsstunde beobachtete ein erfahrener Turnierreiter das Verhalten von Pferd und Eigentümer und rief ihm zu: „Laß mich doch mal!" Trotz der Erfahrung des hilfsbereiten Reiters kam es zu einem Sturz. Der Verletzte verlangt nun von dem Halter Schadenersatz und Schmerzensgeld. *beschränkter Schutzzweck*

Sowohl der Bundesgerichtshof als auch im Ergebnis ebenso das Oberlandesgericht Zweibrücken haben bei einem solchen Gefälligkeitsritt eine Tierhalterhaftung verneint (siehe mit den entsprechenden Nachweisen die späteren Beiträge „Reiten nur noch auf eigenes Risiko?", „Gefälligkeiten ohne Risiko", „Pferdebiß und ‚sozialer Zwang'"). Der Bundesgerichtshof sieht nämlich den gesetzgeberischen Schutzgedanken der Tierhalterhaftung darin, daß derjenige, der mit der Tierhaltung im eigenen Interesse eine Gefahrenquelle schafft, für die damit zusammenhängenden, bei aller Sorgfalt nicht zu vermeidenden Sachbeschädigungen oder Verletzungen Dritter einzustehen hat, die ihrerseits das Halten des Tieres und die von ihm ausgehenden Gefahren zu dulden haben.

Wenn der Verletzte indessen die unmittelbare Einwirkungsmöglichkeit über das Tier vorwiegend im eigenen Interesse und in Kenntnis der damit verbundenen besonderen Tiergefahr übernommen hat, ist er nicht nur selbst in der Lage, die Maßnahmen zu ergreifen, die sei- *Interessenlage* nen bestmöglichen Schutz gewährleisten, sondern sein eigenes Interesse wiegt im Verhältnis zum Tierhalter den Gesichtspunkt auf, daß dieser den Nutzen des Tieres hat.

Ein dergestalt außerhalb des gesetzlichen Schutzbereichs liegender Fall ist in der Tat bei einem Reiter gegeben, der seine Gefälligkeit in seinem überwiegenden eigenen Interesse geradezu aufdrängt, um seine überlegene Reitkunst unter Beweis zu stellen. Anders ist die Sach- und Rechtslage selbstverständlich beim Lehrer–Schülerverhältnis.

Mitverursachung und Mitverschulden

Eine weitere Haftungseinschränkung, die ebenfalls bis zu einem vollständigen Haftungsausfall führen kann, ist bei einem Mitverschulden des Verletzten denkbar (§ 254 BGB). Handelt der Unfallgeschädigte derart unvorsichtig, daß er im Grunde genommen selber den Unfall provoziert, wird die Haftung des Tierhalters eingeschränkt. Die Höhe des Ersatzes bemißt sich nach einer Abwägung von Tierhalterhaftung und Verantwortlichkeit des Geschädigten (vergleiche den späteren Artikel „Mitverschulden und kompensierende Tiergefahr").

Reitpferde – Luxus- oder Nutztiere?

Frage:

Mir ist die unterschiedliche Haftung für Luxus- und Nutztiere nicht klar. Gehören Reitpferde zur Kategorie der Luxustiere?

Antwort:

Unser Rechtssystem kennt zwei Arten von Schadenersatzhaftung: Die Verschuldens- und die Gefährdungshaftung.

Im ersteren Fall muß der Geschädigte Vorsatz oder Fahrlässigkeit (Oberbegriff für beides: Verschulden) des Schädigers beweisen (z. B. §§ 276, 823 Bürgerliches Gesetzbuch – BGB). *Verschuldenshaftung*

Die Gefährdungshaftung dagegen tritt auch ohne Verschulden des Haftenden ein, weil der Inhaber bestimmter gefährlicher Sachen (z. B. Auto, Flugzeug, für Tiere vergleiche § 833 BGB) generell für eine Schädigung durch diese Objekte haftet, auch ohne daß ihm Vorsatz oder Fahrlässigkeit vorzuwerfen sind (so z. B. § 833 Satz 1 BGB für Luxustiere). Insoweit hat der Kläger keinerlei Beweisschwierigkeiten. *Gefährdungshaftung*

Eine Ausnahme von dieser reinen Gefährdungshaftung ist die Haftung für Nutztiere. Hier kann der Halter (zumeist der Eigentümer oder Besitzer) den Entlastungsbeweis führen. Es muß also der Schädiger in Umkehrung der üblichen Beweislast beweisen, daß er bei der Beaufsichtigung dieses Tieres die erforderliche Sorgfalt nicht außer acht gelassen hat (§ 833 Satz 2 BGB). *Entlastungsmöglichkeit*

Generell läßt sich sagen, daß Reitpferde und Hunde Luxustiere im Sinne von § 833 Satz 1 BGB sind. Falls der Halter das Tier aber zum Zwecke der Erwerbstätigkeit besitzt, kann er sich gemäß § 833 Satz 2 BGB entlasten. Hierzu gehören z. B. der Hund des Schäfers, grundsätzlich aber nicht die Hunde einer Jagdmeute. Hierzu gehört in jedem Fall auch das Pferd einer gewerblichen Reitschule, nicht aber das Pferd eines Freizeit- oder Amateurturnierreiters.

Reiten nur noch auf eigenes Risiko?

„*Hauptsache, der Besitzer (Eigentümer) ist gut versichert!*" *denkt wohl jeder, der ein fremdes Pferd reitet, damit ihm letztlich nichts passieren kann, falls er durch das Pferd zu Schaden kommt. Dieser Auffassung ist freilich seit einer Entscheidung des Bundesgerichtshofs über die rechtlichen Folgen eines Reitunfalls die juristische Grundlage entzogen (Geschäftsnr. VI ZR 152/72, veröffentlicht in der Neuen Juristischen Wochenschrift 1974, S. 234).*
Der Urteilsspruch des höchsten deutschen Gerichts bedeutet eine entscheidende Wende in der Rechtsprechung zur gesetzlichen Haftung der Pferdehalter. Er schränkt den bisher praktizierten Anwendungsbereich der Tierhalterhaftung in einschneidender Weise zu Lasten der Reiter ein. Jeder Reiter sollte mit den daraus für ihn resultierenden Konsequenzen vertraut sein, die nachstehend anhand des wesentlichen Inhalts der höchstrichterlichen Entscheidung aufgezeigt werden.

Unfallhergang

Der Eigentümer und Halter einer fünfjährigen Stute übte erstmals mit seinem Pferd das Angaloppieren im Außengalopp. Die Stute widersetzte sich den Hilfen ihres Besitzers, so daß seine Versuche, sie weiter auszubilden, erfolglos blieben. Während dessen stand am Rande des Dressurvierecks ein erfahrener Turnierreiter und beobachtete das Verhalten von Pferd und Besitzer, bis er diesem nach etwa einer Viertelstunde zurief: „Laß mich doch mal!"

Der Turnierreiter hatte die Stute früher ungefähr ein Vierteljahr lang zugeritten. Während er sich jetzt bemühte, das Pferd zu korrigieren, stieg es plötzlich ohne ersichtlichen Anlaß, verlor das Gleichgewicht und begrub im Sturz den Reiter unter sich.

Der Gestürzte kam zwar noch mit einem Bruch des linken Oberschenkels davon, hatte aber während des langen Krankenhaus- und Genesungsaufenthalts erheblichen Verdienstausfall. Seine Klage, mit der er vom Pferdehalter Ersatz dieses Schadens und ein angemessenes Schmerzensgeld begehrte, wies der Bundesgerichtshof in letzter Instanz als nicht gerechtfertigt ab.

Nur Gefälligkeit

Das Gericht geht davon aus, daß der Turnierreiter das Pferd lediglich im Rahmen eines rein tatsächlichen Vorgangs des täglichen Lebens bestieg, der sich aus sportlich-kameradschaftlichem Verkehr unter

Reitern ergab. Solche Gefälligkeitsbeziehungen erzeugen zwischen den Beteiligten keinerlei besondere Bindungswirkungen rechtlicher Art, so daß aus ihnen auch keine eigenständige Haftungsgrundlage für Ersatzansprüche gegenüber dem Pferdebesitzer erwachsen kann.

reine Gefälligkeit

Schutzzweck der Norm

Hierfür ist als Anspruchsgrundlage nur § 833 Satz 1 des Bürgerlichen Gesetzbuchs in Betracht zu ziehen. Die Vorschrift bestimmt, daß der Halter eines Pferdes für den durch das Tier verursachten Schaden ohne Rücksicht darauf einzustehen hat, ob er selbst bei der Aufsicht über das Tier die erforderliche Sorgfalt beachtet hat (Gefährdungs- oder Zufallshaftung für „Luxustiere"). Der Bundesgerichtshof verneint jedoch im vorliegenden Streitfall die Anwendbarkeit dieser Norm.

Tierhalterhaftung

Zur Begründung greift er auf den Grundgedanken zurück, der den Gesetzgeber seinerzeit bewog, die Haftung für „Luxustiere" in so strenger Weise zu regeln: Wer ein Tier hält, zieht einerseits seinen Vorteil daraus, schafft gleichzeitig andererseits im eigenen Interesse eine allgemeine Gefahrenquelle.

Dann muß er für Sachbeschädigungen oder Verletzungen Dritter aufkommen, die mit der Tierhaltung zwangsläufig zusammenhängen und bei aller Sorgfalt nicht zu vermeiden sind. Dieser Einstandspflicht unterliegt der Halter deswegen unabhängig davon, ob er im Umgang mit dem Tier die erforderliche Sorgfalt außer acht gelassen hat, weil er mit der Tierhaltung zum eigenen Nutzen ein erhöhtes Wagnis eingeht, während andere gezwungen sind, das Halten des Tieres und die von ihm ausgehenden Gefahren zu dulden.

Schutzbereich

Eingeschränkter Schutzbereich

Angesichts des so abzugrenzenden Schutzzwecks ist es nach Meinung des Bundesgerichtshofs nicht mehr gerecht, daß die Gefährdungshaftung den Tierhalter treffen soll, wenn der Verletzte die **Herrschaft über das Tier und damit die unmittelbare Einwirkungsmöglichkeit vorwiegend im eigenen Interesse und in Kenntnis der damit verbundenen besonderen Tiergefahr übernommen** hat. Er ist unter derartigen Umständen nicht nur selbst in der Lage, die Maßnahmen zu ergreifen, die seinen bestmöglichen Schutz gewährleisten, sondern sein eigenes Interesse wiegt im Verhältnis zum Tierhalter den Gesichtspunkt auf, daß dieser den Nutzen des Tieres hat.

Eingrenzung: Interessenlage

Beim Kläger sieht das Gericht alle einschränkenden Voraussetzungen – Einwirkungsmöglichkeit vorwiegend im eigenen Interesse und Kenntnis von der Tiergefahr – als gegeben an. Der später Gestürzte drängte sich in Kenntnis der Eigenwilligkeit und Widersetzlichkeit der Stute deren Halter geradezu mit der Bitte auf, ihm das Pferd zu überlassen. Möglicherweise habe es auch im Interesse des Pferdebesitzers gelegen, seiner Stute eine richtige reiterliche Lektion erteilen zu lassen. Demgegenüber war aber von weit überwiegender Bedeutung das Interesse des erfahrenen Turnierreiters, seinem reiterlichen Ruf wieder einmal alle Ehre zu machen: Er wollte unter Beweis stellen, dem Pferd das Angaloppieren im Außengalopp anders, leichter und schneller beibringen zu können.

Fazit

Obwohl ihm dieser Ehrgeiz teuer zu stehen kam, erscheint es gerechtfertigt, dem Halter eines Pferdes nicht in allen Fällen das Haftungsrisiko für Schäden aufzuerlegen, die sein Tier anderen zufügt. Unabhängig vom Einzelfall erfordern daher die allgemeinen Aussagen des Urteils erhöhte Beachtung. Sie lassen sich folgendermaßen zusammenfassen: Wer im Rahmen eines reinen Gefälligkeitsverhältnisses ein fremdes Pferd reitet und dabei

Eigenrisiko
- **sich der hiermit verbundenen Tiergefahr bewußt ist,**
- **die unmittelbare Einwirkungsmöglichkeit über das Pferd ausübt und**
- **vorwiegend im eigenen Interesse handelt,**

geht auf persönliches Risiko mit dem Pferd um. Verletzt es ihn, muß er sich so behandeln lassen, wie wenn er durch sein eigenes Pferd zu Schaden käme.

Um bei Reitunfällen, die einem durch das eigene Pferd zustoßen, wirtschaftlich geschützt zu sein, ist man bekanntlich selbst gezwungen, insbesondere durch den Abschluß einer privaten (Reiter-)Unfallversicherung persönlich Vorsorge zu treffen. Zusätzlich muß sich nunmehr auch derjenige, der ein fremdes Pferd besteigen will, vorher fragen: „Habe ich mich auch ordentlich versichert?!"

Gefälligkeiten ohne Risiko – Aber für wen?

Nahezu jeder Reiter kommt immer wieder in die Lage, ein fremdes Pferd zu reiten, um auf diese Weise einem anderen einen Gefallen zu erweisen. Über die maßgeblichen Haftungsverhältnisse pflegen sich freilich die Beteiligten erst Gedanken zu machen, wenn der Reiter durch das fremde Pferd zu Schaden gekommen ist. Gerade für den betroffenen Reiter ist dies um so bedenklicher, als er hierbei – wie die nachstehend kritisch zu besprechende Entscheidung eines Oberlandesgerichts im Ergebnis zutreffend herausstellt – einem erheblichen Eigenrisiko unterliegen kann.
Der Entscheidung ist noch eine kurze Bemerkung angefügt, da sie in der Frage nach dem Schutzbereich des § 833 Bürgerliches Gesetzbuch (BGB) nicht mehr vollständig mit der späteren Rechtsprechung des Bundesgerichtshofes in Einklang steht, wie sie zuvor im Beitrag dieses Buches „Reiten nur noch auf eigenes Risiko?" wiedergegeben ist.

Die Richter am Oberlandesgericht stellten für ihre Entscheidung folgenden Sachverhalt fest:

Die Gemeinde X hatte den Beklagten gebeten, sein Reitpferd für einen Festzug zur Verfügung zu stellen, und den Kläger, der als geübter Reiter bekannt ist, das Pferd bei dem Festzug zu reiten. Der Kläger lehnte dies zunächst ab, sagte dann aber auf Drängen der Gemeinde zu. Der Kläger holte das Pferd bei dem Beklagten ab und unternahm einen etwa einstündigen Proberitt, um sicher zu sein, daß das Pferd keine Unarten habe, die bei dem Festzug zu Unfällen führen könnten. Bei dem Proberitt, der in Abwesenheit des Beklagten stattfand, ging das Pferd unter dem Kläger zunächst ruhig und folgsam in allen Gangarten. Auf dem Heimritt aber stürzte der Kläger vom Pferd und zog sich erhebliche Verletzungen zu.

Der Kläger begehrte Zahlung eines Schmerzensgeldes mit der Behauptung, der Abwurf sei darauf zurückzuführen, daß das Pferd unvermittelt den Kopf nach unten gerissen und mit der Hinterhand mehrfach nach oben ausgeschlagen habe. Er habe einen heftigen Ruck verspürt und sei über den Hals des Pferdes aus dem Sattel geschleudert worden. Auf ein solches Verhalten des Pferdes sei er nicht vorbereitet gewesen, da der Beklagte ihm vor dem Proberitt gesagt habe, daß das Pferd lammfromm sei.

Der Beklagte erwiderte, die Tierhalterhaftung sei ausgeschlossen, da der Kläger das Pferd zur Zeit des Unfalles in seiner Gewalt gehabt

Unfallhergang und Vorgeschichte

habe und daher Halter gewesen sei. Die Überlassung des Pferdes an den Kläger könne ihm, dem Beklagten, nicht zum Vorwurf gemacht werden, da das Tier besonders fromm sei und bisher nicht versucht habe, einen Reiter abzuwerfen. Möglicherweise habe das Pferd den Kopf ruckartig zu Boden gesenkt, um Gras zu fressen, worauf der Kläger infolge mangelnder Sorgfalt nicht hinreichend vorbereitet gewesen sei. Ein solches Verhalten eines Pferdes sei nichts Außergewöhnliches und müsse von jedem Reiter einkalkuliert werden. Im übrigen habe zwischen ihm und dem Kläger ein Leihvertrag bestanden, der die mögliche Haftung auf Vorsatz oder grobe Fahrlässigkeit beschränke. Überdies habe der Kläger mit der Übernahme des Pferdes vertraglich die Aufsicht übernommen und müsse sich entgegenhalten lassen, daß er dabei die im Verkehr erforderliche Sorgfalt nicht beachtet habe. Schließlich habe der Kläger das mit dem Reiten des Pferdes verbundene Risiko freiwillig und aufgrund einer ihm erwiesenen Gefälligkeit auf sich genommen. In der Übernahme des Pferdes sei daher entweder ein stillschweigender Ausschluß der Gefährdungshaftung oder ein zum Wegfall dieser Haftung führendes Handeln auf eigene Gefahr zu sehen.

Das Landgericht hatte zunächst den Klageanspruch dem Grunde nach für gerechtfertigt erklärt. Über die Höhe des Schmerzensgeldes sollten noch Ermittlungen stattfinden.

Tierhalterhaftung

Der Halter des Pferdes legte jedoch Berufung beim Oberlandesgericht ein. Dieses wies nun die Klage ab. Dessen Entscheidung geht davon aus, daß nach dem Hergang des Unfalles nur eine reine Gefährdungshaftung des Beklagten als Tierhalter in Betracht komme (§ 833 Satz 1 BGB). Für das Gericht kann es offen bleiben, ob der Beklagte als Tierhalter anzusehen ist und ob der Schaden auf ein der tierischen Natur entspringendes selbständiges, willkürliches Verhalten des Pferdes zurückzuführen ist.

Ordnungszweck

„sozialer Zwang?"

Eine Haftung des Beklagten für den entstandenen Nichtvermögensschaden schließen die Richter jedenfalls deshalb aus, weil § 833 Satz 1 BGB nach seinem Ordnungszweck, wie sie ihn verstehen, bei dem vorliegenden Sachverhalt als Haftungsgrundlage ausscheide. Sie meinen, daß die Gefährdungshaftung des § 833 Satz 1 BGB den vom Gesetz bereitgestellten Ausgleich für die sozial erzwungene Hinnahme einer Gefahr darstellen solle, gegen die einem Dritten Abwehrmaßnahmen versagt sind. Es handele sich um eine gesteigerte soziale Verantwortung, um eine gegenständlich gebundene Schutzgarantie für einen Gefahrenbereich, der durch eine von der Gesellschaft erlaubte Betätigung des Tierhalters geschaffen wird. Danach erscheine es berechtigt, den Tierhalter für alle Gefahren einstehen zu lassen, denen die Mitbürger durch das Halten des Tieres in der Gemeinschaft kraft sozialen Zwangs notwendig ausgesetzt sind. Dies gelte vor allem für die Fälle, in denen der Geschädigte bei Ausübung seines Berufs in den Bereich der Tiergefahr gelangt.

Vom Gedanken der gesteigerten sozialen Verantwortung her ergebe sich jedoch eine Begrenzung der Haftungsbestimmung, wenn der Geschädigte außerhalb des durch das Leben in der Gemeinschaft begründeten sozialen Zwangs, aufgrund eines interindividuellen, der allgemeinen Sozialsphäre entrückten Vorgangs die Berührung mit der Tiergefahr herstellt. Wer sich einer solchen Gefahr bewußt und ohne soziale Notwendigkeit aussetzt, verlasse den Bereich der Schutzgarantie und könne dem Tierhalter die Folgen dieses Verhaltens nicht mehr anlasten. *bewußte Gefahraussetzung*

Nach Auffassung des Oberlandesgerichts ist der fragliche Fall so gelagert, daß die Schadloshaltung des Klägers auf Kosten des Beklagten den Schutzzweck des § 833 Satz 1 BGB verlassen würde. Die Vorgänge, die zum Überlassen des Pferdes geführt haben, ließen erkennen, daß der Kläger den Proberitt ohne soziale Notwendigkeit unternommen habe. Das Reiten des Pferdes bei dem geplanten Umzug war eine bloße Gefälligkeit des Klägers gegenüber dem Veranstalter. Ebenso verhielt es sich mit der Bereitschaft des Beklagten, das Pferd für den Umzug abzustellen. Der soziale Kontakt unter den Parteien geht daher auf eine Gefälligkeit zurück, die sie beide einem Dritten erweisen wollten. Unter diesen Umständen gelten für die Rechtsbeziehungen der Parteien zueinander keine vertraglichen oder vertragsähnlichen Grundsätze. Selbst das Bestehen eines Gefälligkeitsverhältnisses ist insoweit zu verneinen. *reine Gefälligkeit*

Besondere Bedeutung mißt das Gericht weiter dem Umstand zu, daß der Kläger die Tiergefahr, in die er sich ohne soziale Notwendigkeit begeben habe, durch das Besteigen des Pferdes auf seine Person konzentriert und den Proberitt in Abwesenheit des Beklagten absolviert hat. Der Gedanke der Risikozurechnung, der den Fällen der Gefährdungshaftung innewohnt, würde in besonderer Weise mißachtet, wenn der Beklagte gehalten wäre, für die Realisierung einer Gefahr einzustehen, die einen Dritten nur deshalb betroffen hat, weil dieser, in voller Kenntnis der Unberechenbarkeit der tierischen Natur, die damit verbundene Gefahr auf sich gelenkt und die tatsächliche Herrschaft über das Tier unter Ausschluß jeglicher Einwirkungsmöglichkeit des Halters ausgeübt hat. *alleinige Herrschaftsgewalt*

Dies führt zum vollen Wegfall der Haftung des Beklagten aus § 833 Satz 1 BGB, so daß offenbleiben kann, ob im Bereich bloßer Gefährdungshaftung dem Geschädigten ein Handeln auf eigene Gefahr auch dann entgegengehalten werden kann, wenn kein vorwerfbares Verschulden, sondern nur eine soziale „Mitverantwortung" vorliegt. Ebenso kann dahinstehen, ob in der bloßen Überlassung des Pferdes im Interesse eines Dritten aussagekräftige Anhaltspunkte für einen stillschweigenden Haftungsverzicht des Klägers gefunden werden könnten (nach einem Urteil des Oberlandesgerichts Zweibrücken vom 12.10.1970, Aktenzeichen 2 – U – 33/70; abgedruckt in Versicherungsrecht 1971, S. 724).

A n m e r k u n g : Das Urteil versucht zwar zu Recht, den Schutzbereich der Tierhalterhaftung aus § 833 BGB einzuschränken. Das hierfür entscheidende Kriterium ist jedoch im Hinblick auf die spätere Rechtsprechung des Bundesgerichtshofs nicht darin zu sehen ob sich der Geschädigte der Tiergefahr kraft sozialen Zwangs ausgesetzt habe (siehe zuvor „Reiten nur noch auf eigenes Risiko?" und später „Reitunfall – Wer haftet?").

Vielmehr ist zu fragen, ob der Verletzte

– die Herrschaft über das Pferd und damit die unmittelbare Einwirkungsmöglichkeit

Interessenlage
– vorwiegend im eigenen Interesse und

– in Kenntnis der damit verbundenen Tiergefahr übernommen hat.

Für den vorliegenden Fall ist in Übereinstimmung mit dem oberlandesgerichtlichen Urteil festzuhalten, daß sich der verunglückte Kläger bei seinem Ritt bewußt der damit verbundenen Tiergefahr ausgesetzt und die unmittelbare Herrschaft über das Pferd tatsächlich allein unter Ausschluß jeder Einwirkungsmöglichkeit des Halters ausgeübt hat.

Der Reiter absolvierte den Proberitt auch vorwiegend im eigenen Interesse. Sein Ritt diente ihm zunächst unmittelbar dazu, sich mit dem Pferd vertraut zu machen, um in seinem eigenen Interesse feststellen zu können, ob es später gefahrlos im Festzug zu reiten wäre. Mit der beabsichtigten Teilnahme am Umzug selbst wollte er seiner Gemeinde auf deren drängendes Bitten hin einen Gefallen erweisen, zumal er auf diesem Wege wohl eine Gelegenheit erhalten hätte, sich einmal als guter Reiter in der Öffentlichkeit zeigen zu können.

Reitbahnunfall – Wer haftet?

Frage:

Mein Unfall geschah am Ende einer Reitstunde, als wir die Pferde am langen Zügel ausschreiten ließen. Ich ritt mit meinem eigenen Pferd auf der rechten Hand und wollte an einem Schulpferd, das mir entgegenkam, auf dem zweiten Hufschlag vorbeireiten. Als ich etwa auf Höhe des Pferdes war, schlug es plötzlich nach meinem Pferd, traf mich jedoch gegen das Schienbein, wodurch ich erheblich verletzt wurde. Ich hatte genügend Abstand von dem Pferd, was dadurch klar wird, daß das Pferd mich treffen konnte, obwohl ich im Sattel saß und die Pferde ungefähr nebeneinander waren.

Also schrieb ich an die Versicherungsgesellschaft, bei der das Pferd versichert war. Als Antwort bekam ich eine Ablehnung mit der Begründung, es bestünde keine „soziale Notwendigkeit", mich in den Gefahrenbereich des Pferdes zu begeben. Da mir diese Antwort zu absurd erschien, wandte ich mich an einen Rechtsanwalt, da dies ja bedeuten würde, daß jeder Freizeitreiter zwar Versicherungen bezahlen muß, wenn er ein Pferd besitzt, diese Versicherung aber sinnlos wäre, da ein Hobby keine soziale Notwendigkeit beinhaltet. Später schlug eben dieses Pferd einen weiteren Reiter während einer Springstunde, der ebenso wie ich im Sattel eines Pferdes saß.

keine Haftung mangels sozialer Notwendigkeit?

Ich schickte also auch diese Zeugenaussage an die Versicherung, doch meinte man dort, diese beiden Fälle seien nicht vergleichbar und außerdem habe der Reitlehrer gesagt, daß dieses Pferd gut für den Schulbetrieb geeignet sei, woraus die Versicherung die Folgerung zog, ich müsse den Tritt „herausgefordert" haben. Es ist mir unverständlich, was diese Versicherung sich bei ihrem Vorgehen denkt, denn ich fühle mich im Recht und glaube, daß sich die Versicherung nur durch immer neue absurde Begründungen um ihre Pflicht drückt.

Entlastungsmöglichkeit bei Nutztieren?

Da frage ich mich doch, wozu werden denn dann die Pferdehalter angehalten, ihre Pferde zu versichern, wenn man solche Verhaltensweisen dieser Versicherung betrachtet. Ich würde mich sehr freuen, wenn Sie mir helfen könnten, da ich nicht mehr weiß, wie ich mich weiterhin verhalten soll.

Antwort:

Die Versicherungsgesellschaft versucht, sich mit einem unzutreffenden Argument von der Schadenersatzpflicht freizuhalten. Da Sie sich offensichtlich reiterlich korrekt verhalten haben, insbesondere einen genügenden seitlichen Abstand beachteten, kann Ihnen nicht einmal ein Mitverschulden angelastet werden.

Kein gewohnheitsrechtlicher Haftungsausschluß

Erst recht besteht kein Gewohnheitsrecht darüber, daß die Benutzer einer Reitbahn einen gegenseitigen stillschweigenden Haftungsausschluß vereinbart hätten. Das Reiten in der Manege gehört auch nicht zu den gefährlichen Sportarten, die nach Gewohnheitsrecht einen gegenseitigen Haftungsausschluß bedingen. Die Begründung, Sie hätten sich als Reiterin ohne sozialen Zwang in die Nähe eines anderen Pferdes begeben, ist im übrigen absurd. Nach einem solchen Grundsatz dürfte in Fällen wie dem Ihrigen nur jeweils ein einziger Reiter zur Zeit in die Reitbahn. Das würde bedeuten, daß das Reiten nicht mehr Volkssport wäre, sondern der teuerste Luxussport der Welt!

Mit dem gleichen Argument könnte ein Kraftfahrzeugversicherer fordern, daß ein Autofahrer nicht über gefährliche Kreuzungen fahren dürfe, weil man unter allen Umständen darauf gefaßt sein muß, daß ein anderer die Vorfahrt verletzt.

sozialadäquat

Es ist längst anerkannt, daß Reiten heute genauso sozial-adäquat ist wie jede andere Sportart, die vonseiten des Deutschen Sportbundes bzw. der Landessportbünde gefördert wird.

Es ist zu raten, daß der Geschädigte sich eines Rechtsanwaltes bedient, der Erfahrungen mit der juristischen Behandlung von Reitunfällen hat. Er sollte möglichst Reiter oder Pferdehalter sein. Ich bin überzeugt, daß die Versicherungsgesellschaft es nicht zum Prozeß kommen lassen wird, wenn ihr die Anspruchsgrundlagen des Geschädigten sachlich und fachlich richtig dargelegt werden.

Reitsport – „Handeln auf eigene Gefahr"?

Zur Frage des Mitverschuldens bei Schadenersatzansprüchen

Wer als Pferdehalter einem verunglückten Reiter Schadenersatz leisten soll, ist leicht geneigt, ihm allgemein den Gesichtspunkt des Mitverschuldens als schadenersatzmindernd entgegenzuhalten. Dabei ist einleuchtend, daß das Schadenersatzbegehren desjenigen, der auf eigene Gefahr handelt, soweit unbegründet ist, wie er sich selbst in die Gefahr begeben hat und dieses Verhalten als Verschulden gegen sich selbst anzusehen ist. Dem Geschädigten muß also der Vorwurf gemacht werden können, er habe sich unter Verletzung der im eigenen Interesse gebotenen Sorgfalt einer vermeidbaren Gefahrenlage ausgesetzt.

Für den Reitsport wird freilich schon zweifelhaft, ob bereits die bloße Teilnahme hieran generell ein derartiges Handeln auf eigene Gefahr darstellen kann. Über den entsprechenden Einwand eines Pferdebesitzers und Reitlehrers hatte das Oberlandesgericht Hamburg zu entscheiden (Urteil vom 21.5.1965, Geschäftsnr. 5-U-1/65, veröffentlicht in Versicherungsrecht 1965 S. 1009). Das Gericht führte hierzu in seinen Urteilsgründen u. a. aus:

Die Frage, ob ein Geschädigter sich vorwerfbar in eine Gefahrenzone begeben hat, kann sich überhaupt nur stellen, wenn er dies aus freier Willensentschließung getan hat und ebensogut auch anders hätte handeln und die Gefahrenlage meiden können. *Freiwilligkeit*

Nicht jeder, der sich freiwillig in eine Gefahrenlage begibt, handelt damit schon vorwerfbar im Sinne eines Verschuldens gegen sich selbst. Das wird besonders deutlich, wenn man an die Fälle einer mit Gefahr verbundenen Hilfeleistung denkt und bedarf daher keiner näheren Darlegung.

Aber auch derjenige, welcher sich aus eigennützigen oder ethisch farblosen Motiven in eine gefährliche Lage begibt – etwa der Berufskraftfahrer, der täglich am gefahrenreichen Straßenverkehr teilnimmt, um Geld zu verdienen oder der Kfz-Besitzer, der dies nur gelegentlich und aus Freude am Autofahren tut – handelt damit durchaus nicht immer vorwerfbar im Sinne eines Mitverschuldens.

Das menschliche Zusammenleben in nahezu allen Erscheinungsformen und Bereichen ist mit derartig vielen Gefahren (im weitesten

Vorwerfbarkeit Sinne) verbunden, daß derjenige, der sie alle meiden wollte, praktisch außerhalb der Gesellschaft leben müßte. Schon diese Überlegung nötigt dazu, hinsichtlich der Frage, ob ein freiwilliges „Sich-in-Gefahr-Begeben" vorwerfbar ist, zu differenzieren. Dabei kann die Grenzlinie, von der ab sich ein gefahrengeeignetes Verhalten (also als vorwerfbar) erweist, nicht generell, sondern nur von Fall zu Fall nach wertenden Maßstäben gewonnen werden.

Größe der Gefahr Als brauchbarer Anknüpfungspunkt für eine solche wertende Grenzziehung bietet sich in erster Linie die Größe der Gefahr an. Denn die Frage, wie nahe oder fernliegend sich die Aussicht auf eine Verwirklichung der Gefahr darstellt, ist zugleich ein Kriterium für die hier entscheidende Frage, ob dem – später – Geschädigten nach Treu und Glauben zugemutet werden mußte, die Gefahr zu meiden, um dem Vorwurf zu begegnen, er habe sich schuldhaft in sie begeben. Die Größe der Gefahr kommt also nicht nur als Abwägungsfaktor in Betracht, wenn sich ein Mitverschulden aus ihr ergibt, sondern ist auch von entscheidender Bedeutung für die logisch vorrangige Frage, ob dem später Geschädigten ein Mitschuldvorwurf zu machen ist.

Die Gefahr, die ein Reitschüler allgemein mit seiner Teilnahme am Reitunterricht auf sich nimmt, ist nach der Auffassung des Gerichts keineswegs so groß, daß einem Reitschüler generell vorgeworfen werden könnte, er habe sich nicht so verhalten, wie sich ein vernünftiger Mensch verhalten würde, um sich vor Schaden zu bewahren.

sozialadäquat Die gegenteilige Ansicht würde darauf hinauslaufen, daß kein „vernünftiger Mensch" mehr Reitunterricht nehmen dürfte und daß der Lebensbereich „Reitsport" (im weitesten Sinne) praktisch von der Rechtsordnung mißbilligt wird. Denn auch der bloße Mitschuldvorwurf bedeutet eine Mißbilligung und führt zu einer rechtlichen Schlechterstellung des Betroffenen gegenüber der Masse derjenigen Menschen, denen gegenüber die Rechtsordnung einen derartigen Vorwurf nicht erhebt. Ein menschliches Verhalten kann von der Rechtsordnung aber nur dann mißbilligt werden, wenn es außerhalb des sozial-adäquaten Rahmens liegt.

Das ist bei der Teilnahme am Reitsport einschließlich des ihn erst ermöglichenden Reitunterrichts aber nicht der Fall. Dies wird besonders deutlich, wenn eine Parallele zu der Teilnahme am motorisierten Straßenverkehr gezogen wird. Die Gefahr, der man sich mit der Aufnahme von Reitunterricht unterzieht, ist – wie nicht näher ausgeführt zu werden braucht – erheblich geringer als die allgemein mit der Teilnahme am motorisierten Straßenverkehr verbundenen Gefahren für Leib und Leben. Niemand würde aber auf die Idee kommen, gegenüber einem Kraftfahrer, der ohne eigenes Verschulden durch Verschulden eines anderen Verkehrsteilnehmers in einen Verkehrsunfall verwickelt und dabei verletzt wird, einen Mitschuldvorwurf aus dem Gesichtspunkt des „Handelns auf eigene Gefahr" zu erheben.

Nach diesen grundsätzlichen richterlichen Erwägungen, daß aus der Teilnahme am Reitunterricht ein Mitschuldvorwurf im allgemeinen nicht hergeleitet werden kann, mußte das Gericht noch prüfen, ob für den konkreten Fall und die speziellen Umstände, in denen der Reitunterricht stattfand, ein solcher Mitverschuldensantrag (§ 254 Bürgerliches Gesetzbuch) begründet war.

Mitverschulden?

Der hier in Rede stehende Unterricht fand nicht in einer Halle, sondern im Freien, aber an der Longe statt. Das Oberlandesgericht führte hierzu noch folgendes aus:

Die Gefahr, in die sich die Reitschülerin begab, war zwar etwas größer als bei einem Reitunterricht, der in schulmäßiger Form, etwa in einer gedeckten Halle, stattfindet. Denn dort wird durch besondere Schutzmaßnahmen, vor allem durch eine weiche Bodenbedeckung, dafür gesorgt, daß etwa vorkommende Stürze in der Regel glimpflich ablaufen. Demgegenüber mußte die Geschädigte damit rechnen, daß sie bei einem etwaigen Sturz auf den harten Boden fallen würde. Diese „Gefahrenerhöhung" wird aber weitgehend dadurch ausgeglichen, daß die Schülerin Einzelunterricht erhielt, daß das Pferd unter ständiger Kontrolle des Reitlehrers an der Longe ging und daß der Reitlehrer im Umgang mit Pferden allgemein und speziell als Reitlehrer über jahrzehntelange, besondere Erfahrungen verfügte. Unter diesen der Schülerin bekannten Umständen kann ihr die Teilnahme am Reitunterricht nicht vorgeworfen werden. Die Gefahr, in die sie sich damit begab, war recht gering, jedenfalls aber nicht so groß, als daß sie diese nach Treu und Glauben vernünftigerweise hätte meiden müssen.

geringe Gefahr

Es liegen auch in der Person der Schülerin keine besonderen Umstände vor, die zu einer anderen rechtlichen Beurteilung führen könnten. Dafür, daß die Geschädigte etwa wegen ihres Alters, ihres körperlichen Zustandes oder wegen sportlicher Ungewandtheit nach Treu und Glauben besondere Veranlassung hatte, den Reitunterricht zu meiden, gibt der gesamte Akteninhalt nichts her. Der Beklagte – den für alle Umstände, aus denen ein Mitverschulden der Klägerin ersichtlich sein könnte, die Darlegungs- und Beweislast trifft – hat hierzu auch nichts vorgetragen.

Mit diesen Gründen hat also ein Oberlandesgericht den Reitlehrer zu vollem Schadenersatz für den Unfall verurteilt; selbstverständlich, nachdem es vorher in einer eingehenden Begründung die Schuld des Reitlehrers an dem Unfall festgestellt hatte. Es soll an dieser Stelle nicht weiter ausgeführt werden, wie es zu dem Unfall gekommen war und in welcher Weise sich das Verschulden des Reitlehrers geäußert hat. Sinn und Zweck dieses Beitrages ist es, darzulegen, daß es bei Unfällen während des Reitunterrichtes schwer sein wird, dem Reitschüler ein Mitverschulden nachzuweisen, wenn die Schuld des Reitlehrers als solche festgestellt oder unstreitig ist.

Wenn das Landgericht zur „Wettkampf-Jury" wird

Schadenersatz nur bei regelwidriger Sportausübung!

„Greif zu!" riefen die Zuschauer, als Frau A am Schluß der Reitjagd den „Fuchs" stellte. Als sie die Lunte gerade in der Hand hielt, ging ein Aufschrei durch die Umstehenden: Das Pferd des Herrn B, der fast gleichzeitig mit der Siegerin den „Fuchs" erreicht hatte, stieg und überschlug sich mit seinem Reiter. Herr B erlitt einen Unterschenkelbruch, der wegen verschiedener Komplikationen dazu führte, daß das Bein steif blieb.
Was brachte der Schadenersatzprozeß, der durch drei Instanzen ging, für ein Ergebnis?

Das „Fuchsschwanzgreifen" ist zwar, wie der Anlaß für diesen Beitrag wieder einmal mit aller Deutlichkeit zeigt, eine bei echten Jagdreitern zu Recht verpönte Unsitte. Dennoch muß sich der praktisch mit solchen Vorkommnissen befaßte Jurist vorurteilsfrei mit dem im folgenden zu erörternden Schadenersatzbegehren des Herrn B auseinandersetzen.

Der schwerverletzte Reiter berief sich für seine Ansprüche auf Ersatz wegen seiner materiellen und ideellen Schäden gegenüber seiner Konkurrentin darauf, daß sie in der von ihr ausgeführten Weise nicht nach dem „Fuchs" hätte greifen dürfen, da hierdurch sein Pferd zum Scheuen gebracht und zum Steigen veranlaßt worden sei. Demgegenüber gab Frau A an, daß sie sich völlig konform mit den Regeln verhalten habe.

Nun unterliegt es keinem Zweifel, daß grundsätzlich derjenige Reiter nach allgemeinem Schadensrecht ersatzpflichtig wird, der regelwidrig vorsätzlich oder fahrlässig gegen eine den Schutz seiner Mitkonkurrenten dienende Wettkampfregel verstößt und dadurch einen von ihnen verletzt (§§ 823, 249, 847 Bürgerliches Gesetzbuch – BGB). Grundlegend anders ist die rechtliche Situation indessen, wenn ein Reiter eine Verletzung verursacht, obwohl sich seine Reitweise im Rahmen der anerkannten Wettkampfregeln gehalten hat.

Haftung bei regelwidrigem Verhalten

Für solche selbst bei regelgerechter Ausübung des Reitsports nicht immer vermeidbaren Verletzungen eines anderen Wettkampfteil-

Freistellung bei wettkampfgerechter Reitweise — nehmers entfällt nach allgemeiner Ansicht im Ergebnis eine Haftung. Als derartige Veranstaltungen kommen neben der bereits erwähnten „Fuchsjagd" insbesondere Pferderennen aller Art, in erster Linie Pony-, Flach- oder Hindernisrennen, offene Jagden u.ä., Paar-Klasse- oder Quadrille-Reiten, Polo sowie sonstige Wettkampfspiele, wie sie vor allem in Turnieren der Kategorie C auszutragen sind, in Betracht.

Wettkampfordnung — Zur inneren Begründung dieser Haftungsfreistellung bei regelgerechtem Wettkampfverhalten stellt unsere Rechtsprechung darauf ab, daß ein Sportler sich durch seine Teilnahme an einem Wettkampf, der nach bestimmten, für jeden Mitbewerber verbindlichen Regeln geführt wird, der Wettkampfordnung unterstellt (s. Urteil des Bundesgerichtshofes vom 5.11.1974, Geschäftsnr. VI ZR 100/73, veröffentlicht in der Neuen Juristischen Wochenschrift 1975, S. 109). Für die Reiter sind dies vor allem die Leistungsprüfungsordnung (LPO) sowie alle sonstigen ausdrücklich oder nach allgemeinem Herkommen geltenden Wettkampfbestimmungen. Trotz Einhaltung dieser genauen Regeln führt ein Wettkampf (Das Wort bezeichnet ausdrücklich das kämpferische Element.) nicht selten zu unvermeidbaren Verletzungen. Mit deren Eintritt rechnet jeder Reiter; er geht davon aus, daß auch der andere die Gefahr in Kauf nimmt und daher etwaige Haftungsansprüche nicht erheben will. Beim Rennen und Polospiel ist dies wohl besonders markant.

objektive Bewertung — Obwohl demgemäß Frau A bei regelgerechtem Verhalten dem verletzten Mitreiter nicht für den Unfall haften würde, berief sich dieser darauf, daß er mit etwaigen Verletzungen durch einen Mitreiter keineswegs einverstanden gewesen sei. Ein solcher, der allgemeinen Wettkampfordnung entgegenstehender innerer Vorbehalt eines teilnehmenden Reiters ist freilich rechtlich unbeachtlich. Die Rechtsbeziehungen der an einem Turnier, Rennen oder anderen Reiterwettkämpfen unmittelbar Beteiligten müssen schadensrechtlich danach bewertet werden, wie ihr Verhalten äußerlich für jedermann sichtbar in Erscheinung tritt und typischerweise zu bewerten ist. Auf die individuelle innere Haltung des jeweiligen Reiters kommt es demnach nicht an. Vielmehr setzt er sich mit einem dennoch erhobenen Schadenersatzanspruch in rechtlich unzulässigen Widerspruch zu seinem eigenen vorhergehenden Verhalten.

keine Einwilligung — Der Bundesgerichtshof betont sogar ausdrücklich, daß mit der von jedem Teilnehmer stillschweigend in Kauf genommenen Gefährdung und seinen sich daraus möglicherweise ergebenen Verletzungen keine rechtfertigende Einwilligung in die Verletzung selbst gemeint ist. Eine solche Einwilligung könne nur bei ausgesprochen gefährlichen Sportarten, wie z.B. waghalsigen Autorennen, Felskletterreien, Box- oder Ringkämpfen ohne künstliche Unterstellung infrage kommen.

Jeder Reiter dagegen hofft und erwartet – gerade auch im Hinblick auf die für alle Beteiligten geltenden Bestimmungen – es werde zu keinen Verletzungen kommen. Er bleibt sich indes bewußt, daß die auch von ihm selbst mitgeschaffene Lage doch ungewollt zu Verletzungen führen kann. Es würde als sittenwidrig empfunden, wenn der jeweils verletzte Reiter versuchte, den von ihm bewußt in Kauf genommenen Schaden auf den anderen abzuwälzen. Ein derart zu Schaden gekommener Reiter würde sich in einer gegen Treu und Glauben verstoßenden Weise in Widerspruch zu seinem eigenen Verhalten setzen, wenn er den Verletzten in Anspruch nimmt, obschon er ebenso in die Lage hätte kommen können, in der sich der Schädiger nun befindet. *Selbstwiderspruch*

Angesichts dieser Situation, in der jeder Teilnehmer an Reiterwettkämpfen zwangsläufig sowohl möglicher Verletzer als auch potentieller Verletzter ist, führt das Verbot des „Selbstwiderspruchs" im Ergebnis dazu, daß der Reiter, der sich regelgerecht verhält, nach den Grundsätzen von Treu und Glauben (§ 242 BGB) von einer etwaigen Haftung v o l l s t ä n d i g freigestellt bleiben muß. Es wäre unbillig, der Frau A das Risiko solcher Unfälle aufzubürden, das sie selbst in gleicher Weise wie Herr B auf sich genommen hat. Nur so wird das Haftungsrisiko für den an Reitwettkämpfen Teilnehmenden überschaubar und auch in wirtschaftlich tragbarer Weise versicherbar.

Herr B wandte demgegenüber ferner ein, daß das Verhalten von Frau A für ihn im Hinblick auf das steifgebliebene Bein zu einer äußerst schweren Verletzung geführt hatte. Ihm ist jedoch nach Ansicht der Rechtsprechung entgegenzuhalten, daß die zunächst entwickelte Haftungsfreistellung auch gilt, wenn die (durch erlaubten Wettkampf) zugefügte Verletzung schwererer Art ist oder sich später schwerste Folgeschäden einstellen; denn das Sich-Einlassen des Teilnehmers auf die, selbst bei regelgerechtem Wettkampfverhalten nicht vermeidbaren Risiken, umfaßt rechtlich auch die Fälle, in denen sich die Gefahr in besonders schwerer Weise verwirklicht. Was die schädigende Reiterin in jenem Augenblick tun oder nicht tun durfte, kann nur aus der Sicht des Augenblickes beurteilt werden und keinesfalls danach, welche Folgen sich später aus diesem Tun entwickeln. *Schwerstverletzungen*

Da die Haftungsfreistellung für einen Reiter nur eingreifen kann, wenn er sich regelgerecht verhalten hat, ist am Schluß noch einem besonderen Problem nachzugehen, weil im vorliegenden Fall nicht mit der notwendigen Sicherheit aufzuklären war, ob sich Frau A regelgerecht oder -widrig verhalten hatte.

Damit ist die Frage der Beweislast angesprochen. Ihr kommt in der Praxis meist die entscheidungserhebliche Bedeutung zu. So hoben sich auch hier die verfügbaren Beweismittel gegenseitig auf. Die *Beweislastverteilung*

Zeugen sympathisierten teilweise mit der siegreichen Reiterin, teilweise mit dem verletzten Reiter. Die Aussage eines Ordners half auch nicht weiter.

Bei einer solchen Sachlage wird die Beweislastverteilung ausschlaggebend: Hätte Frau A zu beweisen, daß sie regelgerecht gehandelt hat, würden insoweit tatsächlich verbleibende Zweifel zu ihren Lasten gehen, sie also im Ergebnis doch haften müssen. Hätte Herr B zu beweisen, daß Frau A gegen die Regeln verstoßen hat, hätte er die Folgen der Nichtaufklärbarkeit zu tragen.

Zu dieser Frage sinngemäß aus der Rechtsprechung des Bundesgerichtshofes: Die Inkaufnahme des Risikos, bei einem Reiterwettkampf trotz Einhaltung der Regeln verletzt zu werden, schließt nach Treu und Glauben billigerweise auch die Übernahme des Risikos ein, im Streitfall den Regelverstoß nicht beweisen zu können. Dieses Risiko ist gerade dem im entscheidenden Augenblick blitzschnellen Kampfgeschehen von Wettkämpfen eigen und kann jeden Mitstreiter treffen. Würde es dem sich zufällig in der Rolle des Verletzers befindlichen Teilnehmer aufgebürdet, so würde das in aller Regel dazu führen, die der Reiterübereinkunft entspringende Risikoentlastung auf dem Wege der Beweislastverteilung praktisch unwirksam zu machen.

Da Herr B nicht nachweisen konnte, daß seine Konkurrentin gegen die beim ,,Fuchsschwanzgreifen" geltenden Regeln verstoßen hatte, bleibt es bei ihrer Haftungsfreistellung.

F a z i t : Nur wer die Wettkampfregeln des Reitsports einhält, vermeidet die Schadenersatzhaftung für Unfälle (speziell für Jagdreitunfälle siehe den späteren Beitrag ,,Bei Jagdunfällen nur bedingter Schadenersatz").

Mitverschulden und kompensierende Tiergefahr

Frage 1:

Hat derjenige Reiter, welcher die Bahnregel Nr. 1 „Abstand halten und nicht von hinten auf- bzw. zu dicht vorbeireiten" mißachtet, damit sich selbst und andere Bahnbenutzer gefährdet und so zu Schaden kommt, noch Anspruch darauf, von dem am Geschehen unbeteiligten Halter des Pferdes Schadenersatz zu erlangen?

Frage 2:

Besagt der § 833 Bürgerliches Gesetzbuch (BGB), daß die finanziellen Folgen eines durch undiszipliniertes Verhalten selbst verschuldeten Unfalls dem Halter des zu seiner natürlichen Abwehrreaktion provozierten Pferdes anzulasten sind?

Frage 3:

Liegen zu diesen Fragen richterliche Entscheidungen vor und wo sind sie gegebenenfalls zu finden?

Antwort zu Frage 1:

Wenn der vorsätzlich oder fahrlässig auf- bzw. zu nah vorbeireitende Reiter durch sein eigenes schuldhaftes Verhalten zu Schaden kommt, kann sein Mitverschulden an dem Unfall so groß sein, daß es die Ersatzpflicht des aus § 833 BGB haftenden Halters des ausschlagenden Vorderpferdes voll kompensiert. *Kompensation*

Lag aber kein vorsätzliches oder fahrlässiges Verhalten vor oder war das Verschulden gering, so besteht der Anspruch unter Abrechnung der Tiergefahr, die der betreffende Reiter für sein eigenes Pferd zu vertreten hat.

Wie hoch der Prozentanteil des Mitverschuldens oder der kompensationsweise zu berücksichtigenden Gefahr des eigenen Tieres zu veranschlagen ist, ergibt sich aus den konkreten Umständen des Einzelfalls.

Antwort zu Frage 2:

In § 833 BGB selbst ist der Fall der Kompensation nicht geregelt. Diese ergibt sich aus der entsprechenden Anwendung von § 254 Abs. 1 BGB, der dazu folgendermaßen zu lesen ist:

Mitverursachung/
Mitverschulden

Hat der Beschädigte die Entstehung des Schadens vorsätzlich, fahrlässig oder in zurechenbarer Weise schuldlos mitverursacht, hängen die Verpflichtung zum Ersatz sowie der Umfang des zu leistenden Ersatzes von den Umständen, insbesondere davon ab, wie weit der Schaden vorwiegend von dem einen oder dem anderen Teil verursacht und u. U. auch verschuldet worden ist.

Antwort zu Frage 3:

Hierzu verweise ich auf das Urteil des Oberlandesgerichts Stuttgart vom 19.7.1974, Aktenzeichen 10-U-21/74, das eine grundlegende Entscheidung über den Anteil der kompensierenden Tiergefahr bringt, wenn von zwei unbeaufsichtigt weidenden Pferden das eine das andere verletzt, ohne daß das getroffene Tier hierzu Anlaß gab (Das Urteil ist im Rahmen des Beitrages ,,Wer haftet, wenn sich Pferde schlagen?" in Band 3 ,,Pferdezucht und -haltung ohne Risiko" näher besprochen.).

Die Berücksichtigung eines Mitverschuldens ist dagegen direkt über § 254 Abs. 1 BGB aus dem Gesetz abzuleiten, wenn eine Schuld erwiesen ist; dieses ist also Tat- und keine Rechtsfrage.

Freizeichnungs- und Freistellungsrevers bei Gefälligkeitsritten

Frage:

Welcher Haftung unterliegt ein Pferdebesitzer, dem eine fremde Person, u. U. ein Minderjähriger, aus Gefälligkeit das Pferd im Gelände bewegt? Eine Tierhaftpflicht ist abgeschlossen. Kann bei einem Unfall des Reiters ein Anspruch gegen den Besitzer gestellt werden? Falls ja, wie kann man sich dagegen absichern? (Es handelt sich um keine gewerbliche Pferdehaltung.)

Antwort:

Auch ein reines Gefälligkeitsverhältnis schließt grundsätzlich Ihre Haftung als Tierhalter aus der Tiergefahr nicht aus (§ 833 Satz 1 Bürgerliches Gesetzbuch – BGB). Da Sie indessen für dieses Risiko versichert sind, kann Sie ein Schaden, den der Reiter durch die Tiergefahr an Körper und Gesundheit und auch an seinem Eigentum eventuell erleidet, materiell nicht belasten (Die Haftpflichtversicherung wird möglicherweise ebenfalls den Schaden nicht zu ersetzen brauchen, wenn die Gefälligkeit nicht in erster Linie zu Ihren Gunsten von seiten des fremden Reiters, sondern im wesentlichen zu dessen Vorteil von Ihnen kommt, der Reiter also beim Ausritt die unmittelbare Herrschaftsgewalt über Ihr Pferd in Kenntnis der damit verbundenen besonderen Tiergefahr überwiegend in seinem eigenen Interesse ausübt.).

auch bei Gefälligkeit: Tierhalterhaftung

Als Pferdebesitzer haften Sie daneben aber für Unfälle, die außerhalb der Tiergefahr durch von Ihnen zu vertretende „Unterlassungssünden" entstehen, wenn etwa in fahrlässiger Weise schlechtes Sattel- oder Zaumzeug zur Verfügung gestellt wird (Es reißt z. B. der Zügel oder der Bügelgurt klinkt nicht aus, weil das Leder brüchig bzw. der Notverschluß verrostet ist.). Der Pferdebesitzer muß also dafür sorgen, daß er außer einer Tierhaftpflichtversicherung auch noch eine persönliche Haftpflichtversicherung abgeschlossen hat.

allgemeine Deliktshaftung

In jedem Fall empfiehlt es sich, mit dem Reiter ein schriftliches Übereinkommen abzuschließen, das etwa folgenden Mindestinhalt haben muß:

schriftlicher Revers

Ich erkenne an, daß ich das Pferd Y von Herrn X (Pferdebesitzer) auf eigenes Risiko reite. Ich erkläre, daß ich Herrn X aus irgendwelchen Schäden, die mir im Zusammenhang mit dem Reiten des Pferdes Y entstehen, nicht in Anspruch nehmen werde. Ferner erkläre ich, daß ich Herrn X von allen Ansprüchen freihalte, die Dritte an ihn stellen, wenn diese durch mein Reiten mit dem Pferd Y in irgendeiner Weise geschädigt werden.

Bei Minderjährigen ist dieser Revers von den Erziehungsberechtigten zu unterschreiben. **In jedem Fall** sollte aber der Pferdebesitzer von den Erziehungsberechtigten verlangen, daß sie ihm schriftlich bestätigen, daß sie mit dem Reiten ihres Kindes auf dem Pferd des Besitzers einverstanden sind.

Reiten mit gesundheitlichen und juristischen Folgen

- nicht nur ein Unfall, sondern auch die körperliche Konstitution des Reiters können zu Körperschäden führen

Schadenersatzprobleme und deren juristische Lösung beziehen sich beim Reitsport meist auf gesundheitliche Folgen; es braucht aber nicht immer nur ein Unfall zu sein, der einen Körperschaden bedingt. Auch die falsche oder übertriebene Ausübung eines Sports kann zu schwersten Gesundheitsstörungen führen. Da der Verfasser, bevor er sein Rechtsstudium begann, Vorlesungen auch bereits der klinischen Semester der medizinischen Fakultät besuchte, hat er in seiner anwaltlichen Tätigkeit immer die Verbindung zur medizinischen Wissenschaft aufrechterhalten können. Die fachärztlichen Hinweise für den folgenden Beitrag verdankt er in erster Linie dem in der Unfall- und Rehabilitationsmedizin bekannten Chirurgen Dr. Rommel, Bad Wildbad, der sich auch besonders um die Erkenntnisse im therapeutischen Reiten und in der von ihm auf chirurgisch-orthopädischem Gebiet angewandten Hippo-Therapie verdient gemacht hat.

Bei Ausübung eines Sports können schwere Körperschäden nicht allein durch einen Unfall (mechanische Einwirkung von außen), sondern unter Umständen auch durch anatomische Fehler des Sporttreibenden entstehen, verschlimmert werden oder infolge solcher Körpermängel zu einem Unfallgeschehen beitragen. Es wird zwar kaum der Fall eintreten, daß ein sogenannter Herzfehler bis zum Entschluß, einen relativ anstrengenden Sport ausüben zu wollen, nicht erkannt war; aber oft genug sind gewisse orthopädische Mängel einem Reitschüler selbst nicht oder nur unvollkommen bekannt.

innere und äußere Unfallursachen

Jeder Reitlehrer mittlerer Art und Güte weiß, wie man korrekt zu Pferde sitzt; es gibt Idealbilder für Sitz und Einwirkung des Reiters, denen es nachzueifern gilt. Gleichermaßen aber gehört es zum Grundwissen eines Reitlehrers, daß kein Schüler in Passion, Anlage, Ausdauer, Einfühlung, Gleichgewicht – und was alles noch zu einem guten Reiter gehört – dem anderen gleicht. Zum Allgemeinwissen eines jeden Sportlehrers gehört daher auch die Erkenntnis, daß Gesundheit zwar etwas ideales ist, aber nicht etwas normales. Es ist schon lange eine – nicht nur medizinische – Erfahrung, daß es kaum einen Menschen gibt, der nicht irgendwelche physischen Störungen oder Mängel hat.

relativer Gesundheitszustand

vom Reitlehrer zu beachten: Ein Reitlehrer kann sich schadenersatzpflichtig machen, wenn er bewußt, grobfahrlässig oder fahrlässig körperliche Mängel seiner Schüler nicht erkennt und trotz deren Vorliegen Aufgaben stellt, denen der Schüler nicht gewachsen ist.

Kein Reitlehrer wird von einem Anfänger, der mühsam die Lektionen der Klasse A beherrscht, verlangen, er solle ein Hindernis in Höhe von 1,60 Meter oder einen komplizierten Tiefsprung im Gelände überwinden, selbst wenn das Pferd in Prüfungen der Klasse S große Erfolge aufzuweisen hat. Aber genauso, wie der Lehrer die Leistungsfähigkeit im Ausbildungsstand von Reiter und Pferd zu berücksichtigen hat, muß er die konkrete körperliche Leistungsfähigkeit, d. h. die anatomischen oder gesundheitlichen Grenzen seines Schülers kennen. So können angeborene Deformitäten oder körperliche Schäden einen entscheidenden Einfluß auf Sitz und Haltung *begrenzte Beweg-* des Reiters haben. Hierzu gehören in erster Linie Mängel am Hüftge- *lichkeit im Hüft-* lenk, das bei vielen Menschen eher einem Scharnier als einem Ku- *gelenk* gelgelenk entspricht und dadurch in den Bewegungsebenen des Abspreizens und der Rotation Einschränkungen zeigt. Solche Menschen werden auf dem Pferd Schwierigkeiten haben, eine Beinhaltung einzunehmen, wie sie normalerweise gefordert wird. Typische Vertreter dieser Körperveränderungen sind die Reiter mit sogenanntem Stuhlsitz. Ebenfalls durch die Hüftgelenke bestimmt wird eine extreme Außenrotation der Beine; diese Reiter werden immer mit weit abstehenden Zehenspitzen auf dem Pferd sitzen. Eine Einwärtsdrehung ist nur mit Kraftanstrengung möglich und kann nur für kurze Zeit erfolgen, sie führt letztlich zu Verkrampfungen, die das Ausbalancieren der Schwingungen des Pferderückens stark behindern.

Veränderungen in Eine große Gruppe von Reitern weist Veränderungen der Wirbel-
der Wirbelsäule säule auf; besonders im Bereich der Lendenwirbelsäule beeinflussen diese Veränderungen den Sitz des Reiters erheblich. Dabei ist zu bedenken, daß mit zunehmendem Alter die Elastizität der Wirbelsäule abnimmt und damit die Anpassungsfähigkeit des Reiters an Schwingungen aus dem Pferderücken schwieriger wird. Seitliche Verbiegungen der Wirbelsäule führen zu einem schiefen Sitz, der oft durch verschiedene Bügellängen kaschiert wird. Grundsätzlich sollte der Reitlehrer beachten, daß Reiter mit Rückenschwierigkeiten auf ein Pferd gesetzt werden, das selbst keine Rückenschwierigkeiten hat; anderenfalls könnte die Reitstunde ein „Physio-Drama" zu zweit werden!

Auch das Aufsitzen in militärischer Korrektheit sollte nicht aus Prinzip verlangt werden. Eine große Anzahl von Diagnosen aus dem orthopädischen Bereich verbietet geradezu das Aufsteigen unter Benutzung des Bügels in seiner normalen Länge. Für derart behinderte Reitschüler sollte immer ein Tritt, Hocker oder sonstige Aufsitzereichterung bereitstehen. Dabei ist es selbstverständlich, daß weder der Reitlehrer noch die Mitreiter irgendwelche Kritik oder Abwertung gegenüber einer solchen Notwendigkeit laut werden lassen.

Ferner ist es ein Trugschluß anzunehmen, daß ein erwachsener Reiter rascher zu einem besseren Sitz kommt, wenn man ihn lange ohne Bügel reiten läßt. Die Möglichkeit, sich durch Knieschluß ausreichend zu fixieren, ist absolut begrenzt, wie jede Haltearbeit eines Muskels. Der bügellose Reiter wird daher nicht in der Lage sein, über einen längeren Zeitraum sich so abzusichern, daß er bei unvorhergesehener Bewegung des Pferdes oder im Galopp ausreichend Halt hat.

Grundsätzlich wäre zu verlangen, daß jeder Reiter vor Beginn der ersten Reitstunde in seiner normalen Körperhaltung auf das Pferd gesetzt wird und notfalls durch sportärztliche Untersuchung festgelegt wird, wo und ob überhaupt Korrekturen in Richtung auf den typischen Reitersitz möglich und sinnvoll sind.

Von extremen gymnastischen Übungen älterer Menschen, z. B. die Rolle rückwärts vom Pferd, muß dringend gewarnt werden. Hier kann es zu schwersten Verletzungen im Bereich der Halswirbelsäule kommen, die nicht mehr genügend Elastizität besitzt, um eine solche Übung zu tolerieren.

Bekannterweise führt der Reitsport zu einer erheblichen Kreislaufbelastung. Viele telemetrische Messungen haben dies bewiesen. Neben der Anstrengung spielen dabei Angst und Aufregung eine wichtige Rolle. Selbst routinierte Reiter zeigen beim Springen extreme Blutdruck- und Herzfrequenzsteigerungen. Es ist daher von großer Wichtigkeit zu bedenken, daß ein untrainierter Hobby-Reiter oder ein Berufstätiger, der abends abgespannt zum Reitunterricht kommt, nur bedingt belastet werden darf.

Kreislaufbelastung

Viele Reitunfälle sind unter diesen Umständen auf die Überforderung des Schülers zurückzuführen. Der Reitlehrer muß daher die Grenzen der Belastbarkeit genau abschätzen und rechtzeitig Pausen einlegen oder den Unterricht abbrechen, anderenfalls haftet er vollen Umfanges für eintretende Schäden. Zwar kann im gegebenen Fall den Reiter ein sogenanntes Mitverschulden treffen; es kommt hierbei auf konkrete Einzelheiten des Sachverhaltes an. Aber schon das alte Reichsgericht hat in einer heute noch gültigen Entscheidung festgelegt, daß kein Schädiger sich darauf berufen kann, einen gesundheitlich besonders anfälligen Menschen getroffen zu haben.

F a z i t : Der Reitlehrer muß heute nicht nur die Anatomie des Pferdes kennen, sondern mindestens so viel von der Anatomie seines Schülers wissen.

Reitunterricht

Problemfälle beim Reitunterricht

Selbst beim Reitunterricht unter fachmännischer Leitung sind Unfälle nicht auszuschließen. Zu Problemfällen werden sie häufig deshalb, weil sich mit Reitschüler und -lehrer, dem Verein sowie ein oder mehreren Pferdehaltern insgesamt vier und mehr Beteiligte gegenüberstehen können.

Dabei lehrt die Erfahrung, daß die unmittelbar Betroffenen einschließlich des Reitlehrers – sei er freiberuflich tätig oder Angestellter eines Vereins – oft von den umfassenden Rechtsbeziehungen wenig informiert sind, die zwischen den Unterrichtenden und dem Verein sowie den auszubildenden Reitschülern bestehen. Daß durch genaueres Wissen um die eigene Position mit allen rechtlichen Verpflichtungen mancher Ärger hätte vermieden werden können, zeigt sich oft erst, wenn ein Unfall zum Prozeß geführt hat.

vertragliche und gesetzliche Haftung

Die allgemeinen Grundzüge zur Haftungslage bei Unfällen im Rahmen von Reitunterricht waren bereits Gegenstand des Einleitungsbeitrages „Reitunfälle – aus juristischer Sicht". Hiervon ausgehend führen die gesetzliche und vor allem die vertragliche Haftung der Verantwortlichen im Hinblick auf die spezielle Aufsichts- und Haftpflicht des Reitlehrers zu einer häufig wiederkehrenden Sonderproblematik.

Wie sehr die vertraglichen Verpflichtungen eines Reitlehrers das Maß einer normalen Vertragserfüllung überschreiten, ergibt das folgende Beispiel deutlich:

Ein Reitlehrer hatte bei der Ausbildung von sieben Anfängern der jüngsten und unerfahrensten Schülerin ein verhältnismäßig großes Pferd zugeteilt und dabei die Anfängerin an den Schluß der Reitabteilung gesetzt. Im Verlaufe der Reitstunde versuchte das Pferd – wie bei Anfängern üblich – die Ecken abzuschneiden und durch diese Verkürzung an den letzten Reitern der Abteilung vorbeizukommen. Durch die Gegenmaßnahmen der unerfahrenen Reiterin wurde das Pferd immer nervöser und unruhiger und fing schließlich an zu steigen und zu buckeln, so daß die Schülerin herunterfiel und sich schwer verletzte.

Dem Reitlehrer ist vor allem vorgeworfen worden, eine so krasse Anfängerin zusammen mit sechs oder sieben anderen Reitern unterrichtet und dabei die Anfängerin an den Schluß der Abteilung gesetzt zu haben, weil es zu seinem Berufswissen gehören muß, daß gerade dasjenige Pferd, das hinter den anderen als letztes geht, in der Regel heftiger reagieren kann. Weiterhin war es fehlerhaft gewesen, eine so kleine Anfängerin auf ein Pferd dieser Größendimension zu setzen. Die Kommandos des Reitlehrers waren derart an die gesamte Abteilung gerichtet, daß der Reitlehrer bei der Vielzahl der einzelnen Reiter nur wenige und schon gar nicht die letzte Reiterin immer im Auge behalten konnte. Ein weiterer Vorwurf erwuchs aus der Tatsache, daß der Unterricht und die Kommandos des Lehrers sich eindeutig nicht nach dem schlechtesten Reiter, das heißt hier der Anfängerin, sondern nach dem Können der Besten richtete.

strenge Unterrichtspflichten

Dieses nur willkürlich herausgegriffene Beispiel zeigt, daß an die Berufsregeln des Reitlehrers hohe Anforderungen gestellt werden. Abgesehen von einer Schadenersatzpflicht aus diesem Gesichtspunkt hat der Reitlehrer auch seinen Dienstvertrag verletzt, weil er als Dienstverpflichteter dem Dienstberechtigten gegenüber den Ausbildungsvertrag nicht erfüllen konnte. Ist der Reitlehrer freiberuflich tätig und hat er als solcher den Ausbildungsvertrag mit dem Schüler in vorwerfbarer Weise fehlerhaft erfüllt, so ist er persönlich diesem gegenüber direkt schadenersatzpflichtig. Die Sorgfaltspflichtverletzung des Reitlehrers wird dabei nach seiner vertraglich vereinbarten Stellung und nach der Art der übernommenen Tätigkeit bemessen (§ 276 Bürgerliches Gesetzbuch – BGB).

positive Vertragsverletzung

Hier ist zu bedenken, daß jede Unterrichtsstunde oder Kauf einer Abonnementskarte einen Vertrag zwischen Schüler und Lehrer bzw. dessen Dienstherrn (Reitschule) darstellt. Durch Fehler im Unterricht, die dem Schüler Schaden zufügen, haftet der Reitlehrer persönlich (§ 823 BGB) und außerdem der arbeitgebende Verein für seinen Angestellten im Rahmen der Gehilfenhaftung (§ 278 BGB).

Angesichts der strengen Haftungsmaßstäbe empfiehlt es sich mithin für jeden Verein sowie vor allem jeden freiberuflichen Reitlehrer, eine gute Versicherung abzuschließen und je nach den Umständen mit den Reitkunden einen vertraglichen Haftungsausschluß für alle nicht von der Versicherung gedeckten, fahrlässig herbeigeführten Unfallschäden zu vereinbaren (zum Inhalt eines solchen Haftungsrevers siehe später „Zum Haftungsausschluß bei Mietpferden").

Versicherung

Auch Amateurreitlehrer haften

Zur Frage der Haftung und Haftpflicht nebenamtlicher Reitlehrer

Ein großer Teil des Reitunterrichts in den Vereinen wird durch nebenamtlich tätige Reitlehrer erteilt, die bei entsprechendem Nachweis besondere „Übungsleiter"-Ausweise durch die Landessportverbände erhalten können. Bei dieser Gruppe handelt es sich in erster Linie um Reitwarte und Amateurreitlehrer.
Vielfach besteht die Ansicht, daß diese nebenamtlich tätigen Reitlehrer im Rahmen des von ihnen erteilten Unterrichts einer geringeren Haftung gegenüber Reitschülern und Vereinen unterliegen als hauptamtlich eingesetzte Reitlehrer. Unsere Rechtsordnung bemißt jedoch die Frage der Haftung im Zusammenhang mit der nebenamtlichen Erteilung von Reitunterricht nach anderen Grundsätzen.

vertragliche Haftung

Von praktischer, aber auch rechtlich zumeist umfassender Bedeutung ist die Haftung des nebenamtlich tätigen Reitlehrers, wenn er vertraglich verpflichtet ist, Reitunterricht zu erteilen. Er haftet dann dem jeweiligen Vertragspartner für den Schaden, den er jenem durch vorsätzliche oder fahrlässige Verletzung seiner vertraglichen Pflichten zufügt (§ 276 Bürgerliches Gesetzbuch – BGB).

Nehmen wir als Beispiel den Fall eines Amateurreitlehrers, der eine Anfängerin an der Longe unterrichtet. Das Pferd wird unruhig und bockt, reißt sich von der Longe los und galoppiert davon. Die Schülerin kann sich nicht im Sattel halten; sie stürzt und erleidet eine schwere Rückgratverletzung.

umfassende Sorgfaltspflicht

Der nebenamtliche Reitlehrer ist der Verunglückten zum Schadenersatz verpflichtet, weil das Reißen der Longe nicht zu seinen Gunsten als höhere Gewalt gewertet werden kann. Ihm obliegt die Pflicht, den ordnungsgemäßen Zustand des Materials zu prüfen; jegliche Verwendung von älterem, brüchigem Leder als Unterrichtsgerät beinhaltet stets einen fahrlässigen Tatbestand, da es dem Reitlehrer zuzumuten ist, das Material auf Haltbarkeit regelmäßig zu prüfen und die Gefahr eines Reißens ständig beanspruchter Lederriemen und Leinen auch rechtzeitig zu erkennen.

Die Haftung in dem hier beschriebenen Fall ist also ebenso umfassend und streng wie bei einer anderen Variante, die dem Leser hinsichtlich der Schadenersatzgrundlagen wahrscheinlich verständlicher erscheint:

Gleichermaßen wurde nämlich ein Hilfsreitwart schadenersatzpflichtig, der im Anfängerunterricht nicht durchgehend auf das Pferd achtete, das er an der Longe führte, sondern sich während der Unterrichtsstunde, von seinem Schüler abgewandt, mit einem Dritten unterhielt. Nachdem das Pferd einen Satz machte und ihm die Longe aus der Hand riß, kam der Schüler nach zwei stürmischen Bahnrunden zu Fall und verletzte sich schwer.

Grundsätzlich ist auch der Verein dem Reitschüler für dessen Verletzungen schadenersatzpflichtig, da der Reitlehrer, durch den der Verein den Unterricht erteilen ließ, dabei fahrlässig gehandelt hat (Haftung für den Erfüllungsgehilfen gemäß § 278 BGB). *Haftung für Erfüllungsgehilfen*

Anstelle des Vereins haftet dagegen der nebenamtlich tätige Reitlehrer vertraglich selbst dem Reitschüler, wenn unmittelbar zwischen beiden ein Vertrag über die Erteilung von Reitunterricht besteht. In solchen Fällen beschränkt sich die Leistung des Vereins regelmäßig darauf, für den Reitunterricht seine Pferde und sonstige Einrichtungen zur Verfügung zu stellen. Zur Erteilung des Unterrichts ist der Reitlehrer in eigener Verantwortung direkt den Reitschülern verpflichtet. Ein wesentliches äußeres Merkmal für das Vorliegen einer solchen Vertragsgrundlage ist gegeben, wenn der nebenamtlich tätige Reitlehrer die Anmeldung von Reitschülern zum Unterricht und die Vergütung (Auslagenerstattung) dafür unmittelbar entgegennimmt, während das Entgelt für die Leistung des Vereins (Mietung des Pferdes) direkt an diesen gezahlt wird.

Die vertragliche Haftung des nebenamtlich tätigen Reitlehrers entfällt jedoch, wenn er seine Tätigkeit nur im Rahmen eines Gefälligkeitsverhältnisses ausübt. Der innere Grund für diesen Haftungsausschluß liegt darin, daß er in diesem Falle seine Aufgabe lediglich als Freundschafts- und Kameradschaftsdienst übernommen hat, ohne sich gegenüber dem Verein oder den Reitschülern rechtlich binden zu wollen. Notwendiges Kennzeichen für diese Art seiner Tätigkeit ist, daß sie vollkommen uneigennützig geschieht. Für ein Gefälligkeitsverhältnis bleibt danach kein Raum mehr, wenn der nebenamtliche Reitlehrer über die Vergütung der ihm tatsächlich bei seiner Tätigkeit entstehenden Unkosten hinaus noch irgendein Entgelt erhält. *Gefälligkeitsdienste*

Unabhängig von der oben behandelten **vertraglichen** Haftpflicht unterliegt der nebenamtliche Reitlehrer innerhalb seines Aufgabenbereiches der allgemeinen gesetzlichen Haftung, wenn er in rechtswidriger und schuldhafter Weise jemanden körperlich verletzt oder fremdes Eigentum beschädigt (sogen. unerlaubte Handlung im Sinne des § 823 BGB). Diese Haftung aus unerlaubter Handlung be- *gesetzliche Haftung* steht grundsätzlich selbst dann, wenn der Reitlehrer nur aus Gefälligkeit tätig wird.

Damit zeigt sich, daß derjenige, der nebenamtlich Reitunterricht erteilt, Haftungsansprüchen von verschiedenen Seiten her ausgesetzt sein kann. Da gleichwohl das Wirken des nebenamtlich tätigen Reitlehrers aus der Arbeit der meisten Reitvereine nicht fortzudenken ist, muß er gegen das Risiko, dem er beim Reitunterricht in vielfältiger Weise ausgesetzt ist, geschützt werden. Dazu empfiehlt sich in *Versicherung* jedem Fall der Abschluß einer Haftpflichtversicherung. Diese sollte generell von seiten des Vereins übernommen werden, der in besonderem Maße von jener mit viel Idealismus geleisteten Arbeit des nebenamtlichen Reitlehrers Vorteile hat.

In einigen Bundesländern hat der zuständige Landessportbund eine Globalversicherung für Übungsleiter abgeschlossen; durch diese ist der nebenamtlich tätige Reitlehrer geschützt, wenn er als „Übungsleiter" durch den Landes(fach)verband anerkannt ist.

Pferdebiß und „sozialer Zwang"

Grundsatzentscheidung über Unfallentschädigung bei unerfahrenen Reitschülern

Obwohl im allerersten Schrecken die Reiterin befürchten mußte, daß das Pferd ihr einen oder mehrere Finger abgebissen hätte, kam sie mit einem Bruch des linken Mittelhandknochens davon. Wie konnte es zu diesem Vorfall kommen, dessen finanzielle Ausgleichsregelung zwischen Reitschülerin und Lehrer soviel Zweifelsfragen aufwarf, daß die Gerichte bemüht werden mußten? Unfälle dieser und ähnlicher Art sind leider nicht ungewöhnlich; deswegen kann eine interessierte Öffentlichkeit diese höchstrichterliche Entscheidung als einen vorzüglichen Beitrag zur Rechtssicherheit zur Kenntnis nehmen.

Das Oberlandesgericht, das diesen Rechtsstreit in letzter Instanz zu entscheiden hatte, mußte sich hierzu mit drei typischen Hauptfragen befassen, wie sie sich auch jeder Reitschüler vorlegen muß, wenn er infolge eines Reitunfalls Schaden erleidet und nun die Berechtigung etwaiger Schadenersatzansprüche seinerseits gegen den Reitlehrer und Pferdehalter aus der Tierhalterhaftung (§ 833 Bürgerliches Gesetzbuch – BGB) prüfen will:

1. Fällt mein Unfall überhaupt unter den Schutzbereich der Tierhalterhaftung (Schutzbereichsproblematik)?
2. Wird sich der Reitlehrer und Pferdehalter unter Hinweis auf die von ihm beobachtete Sorgfalt entlasten können (Exkulpation)?
3. Muß ich mir ein Handeln auf eigene Gefahr oder ein Mitverschulden zurechnen lassen (Mitverschulden)?

Im vorliegenden Fall hatte die Klägerin in der Reitschule des Beklagten angefangen, Reitunterricht zu nehmen. Nach einer solchen Stunde sollte sie aufgrund einer Anordnung ihres Reitlehrers eines der schweißnaß gerittenen Pferde trocken führen. Hierbei wurde das Pferd unruhig. Es drängte zum Ausgang. Die Klägerin versuchte, es zurückzuhalten. Das Pferd wurde daraufhin noch unwilliger, wobei es offenbar, um seinem Willen mehr Nachdruck zu verleihen, zu dem bereits erwähnten Biß kam.

Als die Reitanfängerin daraufhin Ersatz der Kosten für eine mehrtägige bezahlte Haushaltshilfe und anderer unfallbedingter Mehrauf-

„sozialer Zwang?" wendungen sowie Zahlung eines angemessenen Schmerzensgeldes verlangte, wies das Landgericht ihre Klage in erster Linie mit dem Hinweis darauf ab, daß sie sich durch ihre Teilnahme am Reitunterricht ohne sozialen Zwang der Tiergefahr ausgesetzt habe.

Gegen dieses Urteil legte die Klägerin jedoch Berufung ein. Sie machte vor allem geltend, daß eine konsequente Anwendung der der angefochtenen Entscheidung zugrunde liegenden Auffassung im Gefolge haben würde, daß selbst Zoobesucher nicht mehr gegen ausbrechende wilde Tiere geschützt seien oder ein Spaziergänger einen anderen Weg einschlagen müßte, wenn er eines Hundes ansichtig werde, der möglicherweise zubeiße. Weder für den Zoobesucher noch für den Spaziergänger gäbe es einen sozialen Zwang, den Zoo zu besuchen oder an einer bestimmten Stelle spazieren zu gehen.

Demgegenüber berief sich der Beklagte weiterhin hauptsächlich darauf, daß die Klägerin auf eigene Gefahr gehandelt und sich infolge eigener Ungeschicklichkeit durch ihr Mitverschulden den Biß zugezogen habe. Im übrigen habe er alle erforderliche Sorgfalt walten lassen, wie mehrere Zeugen bekunden könnten. Bis dahin habe sich das Pferd stets ruhig gezeigt und niemals gebissen.

Die Richter des erkennenden Senats schlossen sich im Ergebnis der Auffassung der Klägerin an. Zu Eingang ihrer Entscheidungsgründe meinen sie zwar, es offenlassen zu können, ob und in welcher Weise der Schutzbereich der Tierhalterhaftung aus § 833 BGB grundsätzlich einer Einschränkung bedürfe.

Schutzbereichsproblematik

Reitsport und „sozialer Zwang" Für den hier zu entscheidenden Rechtsstreit stellen sie sogar fest, daß die Klägerin nicht unter einem unausweichlichen Zwang gestanden hat, sich Reitunterricht in der Schule des Beklagten geben zu lassen. Im selben Atemzug erscheint es den Richtern aber bereits fraglich, ob nicht vom Reitunterricht doch schon eine Art sozialen Zwangs im weiteren Sinne ausgehe, wenn man bedenkt welch weite Verbreitung diese Sportart mittlerweile gefunden hat.

Interessenlage Für entscheidend sieht es der Senat indessen an, daß der Beklagte selbst die Reitschule eröffnet hat, sie betreibt und damit rechnet, sowie für sein Fortkommen darauf angewiesen ist, daß andere – so die Klägerin – bei ihm Reitunterricht nehmen. Es steht ihm mit Rücksicht auf sein eigenes Interesse und den von ihm selbst zum Erfolg seines – durchaus verständlichen – Gewinnstrebens gesetzten Anlaß schlecht an, geltend zu machen, seine Reitschüler besuchten die Reitschule „ohne sozialen Zwang", und müßten deshalb die Risiken der Reitschule und insbesondere des Reitunterrichts (so die Tiergefahr) selber tragen. Hinzukommt, daß die Reitschüler dem Beklagten

Schulgeld zahlen und er sich auf diese Weise die Mittel zum ertragreichen Betrieb der Reitschule einschließlich der Möglichkeit sich gegen betriebsbedingte Wagnisse abzudecken (Betriebshaftpflichtversicherung), verschafft.

Exkulpationsmöglichkeit

Hinsichtlich der besonderen Entlastungsmöglichkeit, die dem Beklagten als Halter eines Nutztieres gem. § 833 Satz 2 BGB zugute kommen kann, stellen die Richter fest, daß er den entsprechenden Nachweis nicht geführt hat. Insoweit genügt trotz der Benennung von Zeugen seine allgemeine Behauptung nicht, daß bis zu dem der Klägerin zugefügten Schaden das Pferd ruhig und bestens für Anfänger geeignet gewesen sei. Entscheidend ist vielmehr, ob der Beklagte bei dem hier einschlagenden Vorgang – Beaufsichtigung und Behandlung der schweißnassen Pferde nach dem Ende der Reitstunde – die erforderliche Sorgfalt aufgewendet hat. Hierzu aber hat er nichts darüber vorgebracht, daß er oder ein von ihm Beauftragter diesen Vorgang, wenn auch summarisch, überwacht hätten. Daß eine Überwachung erforderlich gewesen wäre, liegt schon auf der Hand. Bei Reitschülern, die erst am Anfang ihrer Ausbildung stehen, – so die Klägerin – sind Zwischenfälle nicht auszuschließen.

Entlastungsbeweis

Mitverschulden

Im dritten Teil ihrer Entscheidung befassen sich die Richter noch mit der Frage, ob zur Entlastung des Beklagten ein Handeln auf eigene Gefahr oder Mitverschulden der Klägerin eingreife.

Sie führen dazu aus, daß den Umständen nach nicht anzunehmen ist, daß sie eine Tiergefahr auf sich nehmen wollte. Sie war Reitschülerin und wollte das Reiten erst lernen. Ihr ging es darum, unterwiesen zu werden, wie man Tiergefahren begegnet, und wie, worauf es hier ankommt, ein schweißnasses Pferd nach der Reitstunde richtig behandelt wird. Bei einem geübten Reiter mag der Gedanke nicht von der Hand zu weisen sein, daß dieser aufgrund seines Reit- und Tierverständnisses bereit ist, ein Wagnis einzugehen. Bei der Reitschülerin aber, die erst am Anfang des Reitunterrichts steht, darf von einem solchen Willen keine Rede sein (zur Grundfrage ,,Reitsport = ‚Handeln auf eigene Gefahr?'" siehe den früheren gleichnamigen Beitrag in diesem Buch).

Handeln auf eigene Gefahr

Ferner ist der Klägerin mit Rücksicht darauf, daß der Schadensfall sich im Anschluß an eine ihrer ersten Reitstunden ereignet hat, nicht der Vorwurf zu machen, durch ein schuldhaftes Verhalten den Unfall mitverursacht zu haben. Selbst wenn sie das unruhig werdende Pferd ungeschickt behandelt haben sollte, würde dies auf den Beklagten selbst zurückfallen. Ungeschicklichkeiten in der Behand-

Mitverschulden?

lung von Reitpferden können einem Anfänger sehr wohl unterlaufen. Es war Sache des Beklagten, dafür zu sorgen, daß es bei der, wie ihm bekannt, noch unerfahrenen Klägerin nicht zu ungeschicktem Verhalten und darauf zurückzuführenden Zwischenfällen kam. Zu seinen Aufgaben gehörte es, die Klägerin auch nach der Reitstunde zu beaufsichtigen, sie zu unterweisen und ihr zu helfen, Ungeschicklichkeiten zu vermeiden; dieses um so mehr, als es gerade seine Anordnung war, das schweißnasse Pferd nach der Reitstunde im Schritt trocken zu führen (nach einem Urteil des Oberlandesgerichts Köln vom 8.7.1974, Aktenzeichen 13-U-224/73; auszugsweise abgedruckt in der Neuen Juristischen Wochenschrift 1974, S. 2051).

F a z i t : Das oberlandesgerichtliche Urteil nimmt zwar ausdrücklich nur zu einem Vorfall Stellung, der sich im Anschluß an eine Reitstunde ereignete. Da jedoch dieser Vorgang nach dem Gesamtzusammenhang noch in enger Verbindung mit dem eigentlichen Reitunterricht zu sehen ist, können die allgemeinen richterlichen Ausführungen im Ergebnis ebenso Gültigkeit für Unfälle unmittelbar im Verlauf einer Reitstunde beanspruchen.

Sorgfaltspflicht beim Abteilungsunterricht

Frage:

Anläßlich einer Abteilungsreitstunde in der Halle unseres Vereins wurde der Unterricht von unserem Reitlehrer in der Weise ausgeführt, daß er dabei selbst ein Pferd, das er zur Ausbildung übernommen hatte, arbeitete. Der Reitlehrer schloß sich mit seinem Pferd der Abteilung nicht an, sondern kommandierte diese von einem wechselnden Standpunkt aus, um stets die Übersicht über die Reitergruppe zu haben. In zwischenzeitlichen Phasen der Reitstunde konzentrierte sich der Lehrer aber ausschließlich auf das von ihm gerittene und auszubildende Pferd.

Nach dem Aufmarschieren und Absitzen wurde ich von dem Pferd des Reitlehrers überritten und kam erheblich zu Schaden, weil sein Pferd bei der Ausführung einer Lektion scheute und sich seiner Kontrolle entzog.

Gilt in solchem Fall der allgemeine Haftungsausschluß des Vereins? Handelt es sich hier um eine besonders grobe Fahrlässigkeit, wenn der Reitlehrer während des Reitunterrichtes ein noch nicht voll ausgebildetes Pferd, das sich gelegentlich seiner Kontrolle entzieht, reitet?

Antwort:

Normalerweise kann ein Reitverein die Haftung für Unfälle ausschließen (vergleiche den folgenden Beitrag). Ein solcher Haftungsausschluß kann ausdrücklich, aber auch stillschweigend vereinbart werden. Für Vorsatz oder besonders grobe Fahrlässigkeit ist nach den Grundsätzen der Rechtsprechung über Treu und Glauben ein solcher Haftungsausschluß nicht möglich.

Haftungsausschluß

Grenze

Es ist nun eine Tatfrage, ob das vorliegende Verhalten des Reitlehrers grob fahrlässig ist. Generell kann man davon ausgehen, daß ein Reitunterricht in der Weise durchzuführen ist, daß der Lehrer die Möglichkeit hat, der Abteilung seine volle Aufmerksamkeit zu schenken. Sobald der Reitlehrer selber ein Pferd bereitet, ist seine Aufmerksamkeit geteilt oder wird doch sehr erheblich abgelenkt. Wenn hierdurch Unfälle eintreten, muß unterstellt werden, daß das Verhalten des Reitlehrers über eine leichte oder mittlere Fahrlässigkeit hinausgeht, insbesondere dann, wenn er selbst ein Pferd reitet, das so unausgebildet ist, daß es sich gelegentlich den Hilfen des Reiters entzieht. Die Reitstunde war auch noch nicht mit dem Absitzen

grobe Fahrlässigkeit?

beendet, vielmehr ist die Reitabteilung erst aus der Obhut des Reitlehrers entlassen, wenn diese die Pferde hinausgeführt und die Bahn verlassen hat. Wenn es in der betreffenden Reitschule üblich ist, daß der Reitlehrer auch das Abtrensen und das Absatteln durch die Reitschüler zu überwachen hat, endet die Aufsichtspflicht des Reitlehrers erst in dem Augenblick, in dem der Reitschüler das Pferd angebunden bzw. den Stand oder die Box verlassen hat.

Mitverschulden? Eine andere Frage ist es, ob den Geschädigten ein Mitverschulden trifft, weil er sich beim Hinausführen seines Pferdes auf Kollisionskurs mit dem Pferd des Reitlehrers begeben hat. Hier entscheidet letztlich das Beweisergebnis, d. h. die Aussage der Augenzeugen, wie es zu diesem Unfall gekommen ist, insbesondere welches fahrlässige Verhalten der Reitschüler selbst dargeboten hat. In keinem Fall aber ist nach herrschender Rechtsprechung der Reitlehrer dadurch entlastet, daß in der Absolvierung einer Reitstunde der Reitschüler sich grundsätzlich einer vermeidbaren Gefahrenlage ausgesetzt hat, denn beim Reitunterricht handelt es sich um einen üblichen sozial-adäquaten Lebensbereich, der die Haftung des Reitlehrers nicht aus dem rechtlichen Gesichtspunkt des sogenannten „Handelns auf eigene Gefahr" des Schülers ausschließt (siehe den früheren Artikel „Reitsport = ‚Handeln auf eigene Gefahr?' "). Eine andere Rechtsansicht trifft für diese Problematik beim Jagdreiten zu; nach diesseitiger Meinung begibt sich ein jeder Teilnehmer an einer Reitjagd in eine bestimmte Gefahr, die er einkalkulieren und sich als abstraktes Mitverschulden anrechnen lassen muß (vergleiche den späteren Beitrag „Bei Jagdunfällen nur bedingter Schadenersatz").

M e r k e : Ein Abteilungsunterricht kann nur dann einen guten Erfolg garantieren und verringert bei den Schülern alle Gefahrenmomente, wenn der Reitlehrer sich 100 %-ig auf die Schülergruppe konzentriert.

Zum Haftungsausschluß bei Mietpferden

Frage:

Es geht um Haftpflichtansprüche, die einem Pferdehalter durch Überlassen seines Pferdes an einen Gastreiter, sei es als Einzelritt, sei es in einer Gruppe mit oder ohne Aufsicht, entstehen können. Wie schützt sich ein Pferdehalter, Reitstall oder Verein vor Regreßansprüchen, die ein verunfallter Reitgast an ihn stellt? Genügt ein Aushang: „Für Unfälle wird nicht gehaftet"? Oder ist es günstiger, daß der Reiter einen Revers unterschreibt; wie muß ein solcher Revers formuliert sein, um rechtlich unanfechtbar den Pferdehalter abzusichern? Muß jeder Reitgast gesondert unterschreiben oder genügt ein einmaliges Formular, das die einzelnen Reitgäste vor jedem Ausritt zur Kenntnis nehmen und entweder einmal unterschreiben oder jedes Mal unterschreiben müssen, also eine Art Liste?

Antwort:

In der Tat genügt nicht ein Aushang oder Anschlag mit dem Hinweis: „Für Unfälle wird nicht gehaftet", um die Schadenersatzpflicht eines Pferdehalters auszuschließen.

Den Mietpferdereitern sollte das nachfolgende Formular (Muster) zur Unterschrift vorgelegt werden:

„Ich bin darauf hingewiesen worden, daß der Verein / Pferdebesitzer für Unfälle, die ich während der Zeit meines Aufenthaltes im Stall und auf dem Reitgelände erleide, keine Haftung übernimmt. Entsprechendes gilt für Ausritte, die ich auf Pferden unternehme, die ich vom Verein / Pferdebesitzer zur Verfügung gestellt erhalte.

Haftungsverzicht schriftlich!

Bei Minderjährigen ist die Unterschrift der Erziehungsberechtigten erforderlich.

Die Erziehungsberechtigten werden nicht aus der Aufsichts- und Haftpflicht entlassen.

(Unterschrift und vollständige Adresse in Blockschrift)"

Es genügt, wenn dieser Text einer Stunden-Liste vorangestellt wird, in die sich die Reitgäste eintragen und unterschreiben, d. h. der vollen Namensunterschrift sind Ort und Datum handschriftlich zuzufügen; Unbekannte sollten selbstverständlich auch ihre volle Anschrift eintragen.

Besonders wichtig ist der Hinweis auf die Minderjährigen.

Ein weiteres Problem ist noch zu beachten: Da Vorsatz (auch bedingter Vorsatz) nicht von der Haftung ausgeschlossen werden kann, könnte bei einem Unfall mit einem etwas schwierigen Pferd der Reitgast theoretisch eine Haftung insoweit konstruieren, als er behauptet und ggf. beweist, daß der Beauftragte des Vereins ein schwieriges Pferd an den Gast herausgegeben hat und dabei in Kauf nahm, daß der Gast durch dieses Pferd zu Schaden kommt (bedingter Vorsatz).

Um einen solchen Fall auszuschließen, ist es notwendig, bei denjenigen Pferden, die nicht absolut lammfromm sind, vom Reitgast eine Zusatzerklärung unterschreiben zu lassen. Diese müßte lauten:

Zusatz

„Ich bin darauf hingewiesen worden, daß das Pferd ... gelegentlich dazu neigt, sich den reiterlichen Hilfen zu entziehen bzw. als schwierig zu reiten gilt."

Besondere Bemerkung:

Dieser bereits im Sankt Georg Nr. 4/1973 erschienene Beitrag ist inzwischen durch die Rechtsprechung des Oberlandesgerichts Düsseldorf (Urteil vom 8.4.1975, Aktenzeichen 4-U-188/74, veröffentlicht in der Neuen Juristischen Wochenschrift 1975, S. 1892) aktualisiert und ergänzt worden. Das Oberlandesgericht Düsseldorf stellt fest, daß allein die Teilnahme an einem Reitunterricht nicht ausreiche, einen (stillschweigenden) Haftungsausschluß für Tierhalterhaftung, vor allem aber nicht für vom Unternehmer oder Reitlehrer schuldhaft verursachte Schäden, anzunehmen.

Kein Haftungsausschluß

Ferner stellt das OLG Düsseldorf fest:

„Die Vereinbarung eines Haftungsausschlusses ist nur insoweit wirksam, als sie dem Reitschüler ganz klar Umfang und Bedeutung der Risikoverlagerung vor Augen führt. Besondere Anforderungen an die Klarheit sind dann zu stellen, wenn eine Haftung auch für schuldhafte Schadenszufügung durch den Reitschulunternehmer oder Reitlehrer ausgeschlossen sein soll."

besondere Belehrungspflicht!

Das Gericht hat im konkreten Fall den Aushang: „Das Reiten und der Aufenthalt in den Stallungen sowie in der Reithalle geschieht auf eigene Gefahr (Vereinsmitglieder sind versichert)" nicht als ausreichend angesehen, ebenfalls nicht die Aushändigung einer Reitkarte, auf deren Rückseite dieser Vermerk des Aushanges noch einmal wiederholt war. Insbesondere auch hat das OLG den Hinweis „Vereinsmitglieder sind versichert" als irreführend oder nicht ausreichend betrachtet, da jene Versicherung nur den Ersatz von Heilkosten betraf, nicht aber den Ersatz von Verdienstausfall und auch nicht die Zahlung eines Schmerzensgeldes.

Aushänge pp. ungenügend

Mildere Voraussetzungen an einen wirksamen Haftungsausschluß sind selbstverständlich bei unentgeltlicher Überlassung durch einen Privatpferdebesitzer gegeben. Hier kann unter Umständen auch ein stillschweigender Ausschluß der Haftung angenommen werden (vgl. dazu den früheren Beitrag „Freizeichnungs- und Freistellungsrevers").

Zum Ausschluß der Tierhalterhaftpflicht

Frage:
Kann sich ein Verein oder sonstiger Reitpferdevermieter durch Vereinbarung mit den Reitkunden gegenüber Außenstehenden dahingehend absichern, daß Fremde, die auf Ausritten durch ein Mietpferd geschädigt werden, den Vermieter nicht aus der Tierhalterhaftpflicht in Anspruch nehmen dürfen?

Antwort:

keine Verträge zu Lasten Dritter

Die Haftung aus der Tiergefahr kann niemals durch Vertrag zwischen Vermieter (Verein) und Reiter gegenüber dem Geschädigten ausgeschlossen werden. Dies wäre praktisch ein Vertrag zu Lasten Dritter, den das deutsche Recht nicht kennt. Die Gefährdungshaftung des Pferdevermieters als Tierhalter (§ 833 Bürgerliches Gesetzbuch – BGB) besteht also immer neben der allgemeinen gesetzlichen Deliktshaftung des Reiters (§ 823, u. U. auch § 834 BGB als Tierhüter).

gesamtschuldnerische Haftung

Der Geschädigte kann sich also aussuchen, wen von beiden Haftpflichtigen er in Anspruch nimmt (§ 840 Abs. 1 BGB). Er kann selbstverständlich auch beide gemeinsam verklagen.

interner Ausgleich

Rückgriff

Im Innenverhältnis hat der Pferdevermieter einen Ausgleichsregreßanspruch an den Reiter, wenn er von einem Geschädigten allein in Anspruch genommen wurde und diesem Schadenersatz geleistet hat (§ 840 Abs. 3 BGB). Hat für den Pferdebesitzer seine Tierhalterhaftpflichtversicherung den Schaden reguliert, ist damit zu rechnen, daß sie sich die Beträge, die sie als Schadenersatz geleistet hat, bei dem unmittelbaren Schädiger, dem Reiter, wiederholt.

Gelände- und Jagdreiten

Unterschiede in straf- und zivilrechtlicher Verantwortlichkeit des Reiters im Straßenverkehr

Frage:

Am ... ritt ich noch lange Zeit vor Eintritt der Dämmerung mit meinem Pferd in ca. 6 bis 10 m, also einem angemessenen Abstand von der Landstraße M in Richtung P. Mein 8-jähriger Wallach, ein an sich verkehrssicheres Pferd, erschrak plötzlich, wahrscheinlich durch Auffliegen eines Rebhuhns, und galoppierte auf den Fahrbahnrand, ohne daß ich unter Aufbietung meiner ganzen Kraft sowie meines reiterlichen Könnens dies hätte verhindern können. Ich muß hierzu bemerken, daß ich seit etwa 18 Jahren reite und fahre, wobei ich mit den Pferden auch am Straßenverkehr teilnehme.

In dem Augenblick, als ich den Fahrbahnrand erreichte, kam Herr S mit seinem Ford 17 M von hinten und versuchte ein Ausweichmanöver, um mein Pferd nicht zu erfassen. Hierbei rammte er den in diesem Moment mit seinem Opel Kadett entgegenkommenden Herrn G.

An diesem Unfall bin ich nach meiner Auffassung schuldlos, da ein Erschrecken eines Tieres jederzeit möglich ist und eine höhere Gewalt darstellt. Wie ist die Rechtslage?

Antwort:

Im vorliegenden Fall ist der Tatbestand aus zwei Haftungsgrundlagen zu beurteilen. Zunächst die zivilrechtliche: Herr S und Herr G sind mit ihren PKWs zu Schaden gekommen. Ursächlich war eindeutig das Verhalten Ihres Pferdes, das unkontrolliert am Fahrbahnrand dahingaloppierte. Hier kommt es nicht darauf an, ob Sie ein Verschulden trifft, ob Sie vielleicht vorsätzlich oder fahrlässig in irgendeiner Weise das Verhalten Ihres Pferdes verursacht haben. Vielmehr haften Sie als Tierhalter für alle Schäden, die aufgrund der Tiergefahr (also unabhängig von Ihrem eigenen Verschulden) eintreten. Zivilrechtlich gesehen schützt also das Gesetz nicht denjenigen, der aufgrund einer unerwarteten Reaktion seines eigenen Pferdes kei-

zivilrechtliche Haftung

als Tierhalter: ohne Verschulden

nen Einfluß mehr auf dieses haben konnte, sondern gerade den Verletzten, der wegen der allgemeinen Tiergefahr (unvorhergesehenes artspezifisches Verhalten des Tieres) einen Schaden hinnehmen mußte.

Mitverursachung und Mitverschulden

Im vorliegenden Fall könnte jedoch eine Schadensminderung in Betracht kommen, da sowohl Herr S als auch Herr G ein Mitverschulden trifft, wenn nachgewiesen werden kann, daß das Ausweichmanöver des S aufgrund seiner Unaufmerksamkeit zu abrupt geschah bzw. wegen seines zu hohen Tempos mißlang. In gleicher Weise könnte auch Herrn G ein Mitverschulden gemäß § 254 Bürgerliches Gesetzbuch angelastet werden, wenn auch er die erforderliche Sorgfalt im Straßenverkehr (§ 1 Straßenverkehrsordnung) nicht beachtet hat, z. B. hätte er sein Tempo verlangsamen müssen, als er Ihr am Straßenrand galoppierendes Pferd bemerkte und das Ausweichmanöver des S einkalkulieren mußte. Hier könnten die polizeilichen Ermittlungen, Abmessung der Bremsspuren usw. noch entscheidende Hinweise geben. Zu bemerken ist, daß auch die Kraftfahrer einer Gefährdungshaftung unterliegen und unabhängig von ihrem Verschulden für die Betriebsgefahr ihres PKW einstehen müssen. Im vorliegenden Fall wird der Zivilrichter abwägen, von wem die größere Gefahr ausging und wer den größeren Anteil an der Ursächlichkeit, die zum Unfall führte, hatte. Nach dem ersten Anschein ist davon auszugehen, daß die überwiegende Haftung in diesem Falle bei Ihnen liegt, es sei denn, es gelingt Ihnen zu beweisen, daß bei der PKW-Fahrern entscheidende Fehler gemacht wurden und verkehrswidriges Verhalten (z. B. überhöhtes Tempo, abgefahrene Reifen, schlechte Bremsen usw.) vorlag.

strafrechtlich: Verschuldensprinzip

Ganz anders ist der Fall in strafrechtlicher Hinsicht zu bewerten. Das Strafrecht beinhaltet den Anspruch des Staates auf Ahndung von Ordnungswidrigkeiten und kriminellem Verhalten. Hier wird also der Staatsanwalt von Amts wegen tätig. Das deutsche Strafrecht geht dabei von einem schuldhaften Verhalten des Täters aus, also von seiner ethischen und moralischen Verantwortlichkeit, dagegen nicht von der bloßen Ursächlichkeit.

Wenn es sich in Ihrem Fall um ein gut angerittenes Pferd handelte, das schon einige Zeit im Straßenverkehr Erfahrung hatte und man Ihnen keinen reiterlichen Fehler nachweisen kann, stellt das Verhalten des Pferdes hier strafrechtlich gesehen einen unabwendbaren Zufall dar, der nicht voraussehbar war und damit nicht in die strafrechtliche Verantwortung des Reiters fällt. Mit einiger Sicherheit wird daher eine Anklage gegen Sie wegen eines Verkehrsdeliktes oder wegen Körperverletzung und Sachbeschädigung nicht erhoben werden; sollte es dennoch zu einer Anklage kommen, ist durchaus mit einem Freispruch zu rechnen, da Ihre Verteidigung alle Möglichkeiten hat, einen Schuldvorwurf zu entkräften.

Pferde-Führen verboten?

Frage:

Leider sind auch in unserer Gegend viele Waldwege für Ausritte gesperrt worden durch das bekannte runde, weiße Schild mit grünem Rand und grünem Reiterbild. Da unser Reitgelände direkt an einen Wald anschließt und von solch gesperrten Wegen umgeben ist, tauchte nun die Frage auf, ob diese Sperre auch für das Führen der Pferde an der Hand gilt oder nur für aufgesessene Reiter (wie auf dem Sperrschild abgebildet).

Falls es möglich wäre, die Pferde an der Hand durch die gesperrten Wege zu führen, wäre uns sehr geholfen, da sich hinter dem Wald freies Gelände befindet.

Antwort:

Das von Ihnen angesprochene Problem ist abschließend von hier aus ohne Kenntnis der näheren tatsächlichen und rechtlichen Verhältnisse am Ort nicht zu lösen. Dennoch scheint mir die Rechtslage eindeutig zugunsten der Reiter zu sprechen.

Um die Bedeutung des fraglichen Zeichens erklären zu können, kann man zunächst unter allem Vorbehalt auf die nicht direkt anwendbare Straßenverkehrsordnung zurückgreifen. Danach ist zwischen Reiten und Führen von Pferden zu unterscheiden. Speziell das runde, blaue Straßenverkehrsschild mit weißem Reiter besagt, daß auf Reitwegen Pferde geführt werden dürfen. Hieraus ergibt sich aber nicht der Umkehrschluß, daß es bei einem Verbot hinsichtlich des Reitens auch verboten ist, Pferde neben sich zu führen. *Reiten – Führen*

Vielmehr gilt für den Führer eines Pferdes das allgemeine Straßenverkehrsrecht. So muß er geeignet sein, das Tier zu führen und in der Lage sein, ausreichend auf das Pferd einzuwirken.

Dies bedeutet, daß der Führer mit dem Pferd am gesamten öffentlichen Verkehr teilnehmen kann. Für die Richtigkeit der Unterscheidung zwischen Reiten und Pferdeführen spricht weiterhin, daß nach allgemeinem Straßenverkehrsrecht der ein Fahrrad schiebende Verkehrsteilnehmer rechtlich einem Fußgänger gleichzustellen und nicht dem Fahrzeugverkehr zuzurechnen ist.

Das Reitverbotsschild erscheint daher als eine Ausnahme und kann offenbar nur für aufgesessene Reiter Anwendung finden. Dies muß angesichts der von Ihnen geschilderten Verhältnisse – unbeschadet unter Umständen vorrangiger lokaler Regelungen durch oder aufgrund insbesondere eines etwaigen Landeswaldgesetzes – um so mehr gelten, als Ihr Reitgelände offenbar völlig von gesperrten Wegen umgeben ist. Wäre auch das Führen von Pferden untersagt, käme dies einem direkten Reitverbot gleich, da die Reiter dann nicht auf zugelassenes Reitgelände gelangen könnten. Dies ist aber mit Sicherheit nicht gewollt.

Reiten auf verbotenen Wegen

Zur Problematik der Waldgesetze

Schon häufig wurde in der Presse über die in den Bundesländern verschieden ausgestalteten Waldgesetze berichtet, aus denen sich eine erhebliche Rechtsunsicherheit ergibt. So ist es für den Reiter kaum einsichtig, daß er in mehreren Ländern der Bundesrepublik nahezu uneingeschränkt die Waldwege benutzen darf, während in anderen Teilen, wie z. B. in Niedersachsen und Schleswig-Holstein, das Reiten auf Waldwegen nur dann gestattet ist, wenn hierfür in Form eines Schildes eine besondere Erlaubnis vorliegt.

Die Konsequenz sind Bußgeldbescheide und eine verständliche Verbitterung des so bestraften Reiters, der das Gefühl hat, erst nach langwierigem Gesetzesstudium seinen Sport ausüben zu dürfen. Über derartige Probleme trösten auch nicht Teilerfolge wie die für die Reiter günstige Regelung in Baden-Württemberg hinweg. Denn die unbefriedigenden Regelungen in den anderen Bundesländern werden deshalb nicht aus der Welt geschafft. Eine einheitliche Regelung, die den Interessen der Reiter, aber auch der Rechtssicherheit gerecht werden könnte, scheint indessen noch in weiter Ferne zu liegen.

Die Situation ist um so bedrohlicher, als sich ein Ausschußentwurf für das neue Bundesnaturschutz- und Landschaftspflegegesetz nach sicheren Informationen für eine Zuordnung der Regelungskompetenz an die Länder ausspricht. Daraus folgt, daß auch weiterhin unterschiedliche Regelungen je nach Einstellung der entsprechenden Landesgremien getroffen werden.

Bei derartigen Angriffen zur Einschränkung der „Bewegungsfreiheit" der Reiter sollte man nunmehr noch stärker als bisher versuchen, die Interessen der Reiter und Pferdeliebhaber wahrzunehmen – wie dies auch teilweise mit Erfolg geschehen ist. Dies gilt um so mehr, als das Bundeswaldgesetz eine durchaus reiterfreundliche Regelung beinhaltet. In § 14 Bundeswaldgesetz steht nämlich u. a. folgendes:

Bundeswaldgesetz

„Das Betreten des Waldes zum Zwecke der Erholung ist gestattet. Das Radfahren, das Fahren mit Krankenfahrstühlen und **das Reiten** im Walde ist nur auf Straßen und Wegen gestattet."

Dieses Gesetz, das erst am 2. Mai 1975 erlassen wurde und daher ganz auf die Bedürfnisse der heutigen Zeit zugeschnitten ist, sagt also eindeutig aus, daß der Reiter auch ohne besonderes Erlaubnisschild die Waldwege in Anspruch nehmen darf. Die zuungunsten der Reiter abweichenden Landesgesetze stehen somit in krassem Widerspruch mit der Bundesregelung. Dies ist mit dem in unserem Recht geltenden Grundsatz: ,,Bundesrecht bricht Landesrecht" in keiner Weise zu vereinbaren. Vielmehr geht das Bundesrecht dem Landesrecht grundsätzlich bei abweichender Regelung vor. Es erhebt sich wirklich die Frage, ob erst – wie z. B. in Nordrhein-Westfalen – eine Verfassungsbeschwerde gegen das Landesforstgesetz in Gang gebracht werden muß, wie es der ,,Sankt Georg" getan hat, um eine Anpassung an das Bundeswaldgesetz zu erreichen.

vorrangig

Zwar wird von den Befürwortern einer Landesregelung vorgebracht, das Bundeswaldgesetz sei lediglich ein Rahmengesetz, das den Ländern einen gewissen Spielraum zur Ausgestaltung der Richtlinien gestatte. Dies ist im Grundsatz richtig. Jedoch findet der Spielraum dort seine Grenzen, wo er mit dem vorrangigen Bundesrecht in Kollision gerät und den durch das Bundesgesetz bestimmten Rahmen durchbricht. Das Bundeswaldgesetz hat eine grundsätzliche Regelung zugunsten der Reiter getroffen. Eine Einschränkung ist nach Bundesrecht hier nur in Ausnahmefällen möglich. Einige der Landesgesetze (z. B. § 6 des Landeswaldgesetzes von Schleswig-Holstein) machen diese Ausnahmen jedoch zur Regel. Hier ist das Reiten auf Waldwegen nämlich nur dann rechtmäßig, wenn ein besonderes Erlaubnisschild die Benutzung der Waldwege gestattet. Diese Regelung steht in einem krassen Widerspruch zu der Wertung des Bundesgesetzgebers. Jedem objektiven Betrachter wird deutlich, daß sich ein Landesgesetz mit einer derartigen Regelung, die gegen den ausdrücklichen Willen des Bundesgesetzgebers verstößt, nicht ,,im Rahmen hält".

begrenzter Spielraum

Für derartige Fälle hat das Bundeswaldgesetz in § 5 die Regelung getroffen, daß die Länder die bestehenden Vorschriften, die im Widerspruch zum Bundeswaldgesetz stehen, diesem anzupassen haben. Eine derartige Gesetzesänderung soll innerhalb von zwei Jahren nach dem Inkrafttreten des Bundeswaldgesetzes, also spätestens bis 1977, vorgenommen werden. Dennoch sind die Gesetzgeber in verschiedenen Bundesländern bisher untätig geblieben. Es scheinen im Gegenteil starke Bestrebungen in Gang zu sein, alles beim alten zu lassen oder vielleicht sogar zuungunsten der Reiter zu verändern. Dabei wäre es für die Landesgesetzgeber nun wirklich an der Zeit, tätig zu werden und die bestehenden Rechtsunsicherheiten und Widersprüche zu dem höherrangigen Recht auszuräumen.

Anpassungspflicht

Indessen werden noch viele Reiter, die sich auf ,,Abwegen" befinden, Bußgeldbescheide erhalten. Ich meine jedoch, daß man sich im

Interesse des Reitsports nicht von derartigen Maßnahmen entmutigen lassen, sondern die Interessen der Reiter – notfalls mit einem Gang vor das Verfassungsgericht – durchfechten sollte.

Die Länderparlamente haben mit ihren verschiedenartigen Waldgesetzen, die mit dem Bundeswaldgesetz wenig Übereinstimmung haben, die Reiter in die Postkutschenzeit zurückversetzt. Die deutsche Kleinstaaterei, die spätestens alle 50 km eine Zollschranke setzte, fand mit der Erfindung der Eisenbahn ein Ende. Dies geschah vor mehr als 100 Jahren! Heute – im sogenannten Satellitenzeitalter – schicken sich die deutschen Bundesländer trotz aller Vorbereitungen für ein gemeinsames Europa an, das Betretungsrecht der Wälder in unterschiedlichsten Normen zu gestalten. Wenn ein Reiter die Grenzen eines Bundeslandes mit Pferd oder Transporter überschreitet, muß er in der Regel ein neues, ganz anderes Waldgesetz in der Satteltasche parat haben.

Wenn auch davon ausgegangen werden kann, daß ein Reiter sehr viel für die Romantik der Postkutschenzeit übrig hat, so empfindet er es als eine geradezu abartige Nostalgie, daß die deutschen Bundesländer in einer fast mittelalterlich anmutenden Rechtszersplitterung die Waldnutzung gesetzlich regeln.

Nebenbei bemerkt: Als die ersten Eisenbahnen die Zollschranken abbauten, war noch – und mindestens ein halbes Jahrhundert danach – das Pferd das Hauptverkehrsmittel. Keiner der deutschen Staaten hätte damals das Reiten in Wald und Feld eingeschränkt oder verhindert; keine Regierungs- oder Amtsstelle hätte von unzumutbaren Schäden gesprochen, die Pferdehufe auf Straßen oder Wegen anrichten. Heute verbannen z. T. dieselben Behörden, die Milliarden in Motoren-, Düsen- und Atomkraft investieren und damit in fast krimineller Weise die Umwelt verschmutzen, das Pferd aus seiner ihm angestammten Heimat und Natur.

Zum Abschluß noch ein Blick auf die unterschiedlichen Regelungen in wichtigen Landesgesetzen:

Nordrhein-Westfalen
Gemäß § 36 des Landschaftsgesetzes vom 18.2.1975 wird das Reiten in der freien Landschaft und im Walde nur auf Straßen und Wegen gestattet, sofern die Belange der anderen Erholungsuchenden und die Rechte der Eigentümer und Besitzer nicht unzumutbar beeinträchtigt werden. Eine Einschränkung darf also nur unter bestimmten Bedingungen getroffen werden.

Schleswig-Holstein
Das Landeswaldgesetz vom 18.3.1971 gestattet das Reiten auf besonders gekennzeichneten Waldwegen. Hier liegt also ein generel-

les Verbot vor, sofern keine Ausnahmeregelungen getroffen worden sind. Etwas gemildert wird dieses Verbot allerdings durch die Aufforderung des Gesetzgebers, Reitwege in ausreichendem Maße insbesondere im Staats- und Körperschaftswald anzulegen.

Niedersachsen
Das Reiten im Walde ist gemäß § 13 Landeswaldgesetz vom 12.7.73 nur gestattet, soweit hierfür eine Befugnis vorliegt oder Wege besonders dazu bestimmt sind. Die sonstigen Regelungen gleichen denen in Schleswig-Holstein.

Bayern
Das Reiten im Walde ist generell erlaubt, da Artikel 141 Abs. 3 der Bayerischen Verfassung den „Genuß der Naturschönheiten und die Erholung in der freien Natur, insbesondere das Betreten von Wald- und Bergweiden... jedermann gestattet", wozu auch das Reiten gehört.

Hessen
Das Hessische Forstgesetz vom 13.5.1970 regelt das Reiten im Walde nicht.

Rheinland-Pfalz
Das Forstgesetz i.d.F. vom 19.3.1971 enthält ebenfalls keine Regelung über das Reiten im Wald. Aus dem Feld- und Forststrafgesetz i.d.F. vom 15.12.1969 ergibt sich jedoch, daß das Reiten in einem Forst außerhalb der hierzu bestimmten Wege verboten ist.

Baden-Württemberg
Die wider allen Erwartungen im letzten Moment noch günstig ausgefallene Regelung erlaubt den Reitern in § 38 des Naturschutzgesetzes vom 21.10.1975 das Reiten und Fahren auf Wegen, Heide, Ödland und besonders ausgewiesenen Flächen.

Ich meine, daß sich ein weiterer Kommentar angesichts dieser unterschiedlichen Regelungen erübrigt. Niemand will den Landesgesetzgebern ihr Recht auf eigene Ausgestaltung der Gesetze im Rahmen ihrer Kompetenz verwehren. Es ist jedoch eine unerträgliche Situation, daß völlig voneinander abweichende Regelungen in den unterschiedlichen Ländern vorliegen, obwohl der Bundesgesetzgeber durch § 14 des Bundeswaldgesetzes den Rahmen eindeutig abgesteckt hat. Es muß ganz eindeutig gesagt werden, daß Abweichungen zuungunsten der Reiter im Widerspruch zu dem vorrangigen Bundesrecht stehen und daher nicht toleriert werden können.

Unfall beim Ausritt

Frage:

Eine Gruppe von Reitern eines Stalles macht einen Ausritt. Unter den Pferden befindet sich ein Wallach, der als Schläger bekannt ist. Dieser keilt nun aus, als ein anderes Pferd in seine Nähe kommt, und verletzt den Fuß eines Reiters. Wie sieht hier die Rechtslage aus?

Antwort:

Im vorliegenden Fall besteht grundsätzlich die Haftung des Tierhalters gemäß § 833 Bürgerliches Gesetzbuch (BGB). Dieser haftet unabhängig vom Verschulden. *Gefährdungshaftung*

Problematisch ist die Rechtslage jedoch im vorliegenden Fall, weil augenscheinlich sämtlichen Reitern bekannt war, daß das Pferd ein Schläger ist. Hier kommt ein Handeln des verletzten Reiters auf eigene Gefahr in Betracht (§ 254 Abs. 1 BGB), wenn dieser zusammen mit einem Pferd ausreitet, das als gefährlich bekannt ist. Aus der Ferne kann nicht beurteilt werden, ob ein derartiges Handeln auf eigene Gefahr in diesem speziellen Fall vorliegt. *Handeln auf eigene Gefahr*

Wäre dies zu verneinen, kommt immerhin eine Schadensminderung aufgrund eines etwaigen Mitverschuldens des Reiters in Betracht (§ 254 Abs. 1 BGB). Ein Mitverschulden des verletzten Reiters liegt vor, wenn dieser unvorsichtig derartig dicht an das gefährliche Pferd herangekommen ist, daß dieses in der Lage war, ihn zu verletzen. *Mitverschulden*

Neben der Gefährdungshaftung des Tierhalters kann eine Verschuldenshaftung des Reiters des Wallachs eingreifen (z. B. gemäß § 823 Abs. 1 BGB). Dann muß dieser, als der Verletzte in seine Nähe kam, den Wallach falsch behandelt haben, so daß dieser Auskeilen konnte. Ob eine derartige Sorgfaltspflichtverletzung vorliegt oder ob eine Verletzung unvermeidbar war, kann ebenfalls nur im konkreten Fall geklärt werden. *allgemeine gesetzliche Haftung*

Die moralische und juristische Verantwortung des erfahrenen Reiters beim Ausritt

Pferdebesitzer, die nicht immer persönlich reiten können, lassen gelegentlich unter fremden Reitern ihre Pferde ins Gelände gehen. Selbst wenn solche Ausritte vorsichtshalber zusammen mit einem erfahrenen Begleiter unternommen werden, sind Schäden am verliehenen Pferd nicht auszuschließen. Die Haftungsproblematik mündet in die allgemeine Frage, inwieweit dem erfahrensten Reiter bei Gruppenritten im Gelände eine besondere Verantwortlichkeit gegenüber den anderen Reitern und Pferden obliegen kann.

Das Problem

„Darf ich Sie darum bitten, mir eine ausführliche Stellungnahme zu einem mich sehr beschäftigenden Thema zukommen zu lassen? Es lautet ‚Verantwortung beim Reiten im Gelände‘.

Trägt bei Geländeritten (ohne Reitwart oder Reitlehrer) der erfahrenste Reiter eine Verantwortung? Oder ist der Begriff Verantwortung (mit allen seinen Folgen bei Fahrlässigkeit) bei Geländeritten nicht anwendbar? – Zu meinem konkreten Fall:

An einem Morgen nahm meine damalige Stallkameradin – obwohl sie über die Lahmheit meines Vollblüters informiert war – diesen unter einem zwölfjährigen Kind mit ins Gelände. Man ritt nach vorheriger Absprache Galopp und hatte das Kind aufgefordert zu rufen, wenn mein Pferd schneller werden wollte. Es sollte dann die Führung übernehmen. Der Weg war sehr schlecht. Er war knochenhart mit tiefen Schlepperfurchen. Mein Pferd übernahm – gemäß der Absprache – die Führung. Es steigerte sein Tempo, als es die zwei Begleitpferde hinter sich herdonnern hörte. Das Kind riß ihm ohne Erfolg im Maul. Im gleichen Augenblick trat das Pferd fehl und das Fesselbein zersplitterte.

Zur Zeit lahmt mein Freund sehr stark. Es wird lange dauern, bis er wieder einigermaßen wird gehen können.

Da die ehemalige Stallkameradin über ein besonders großes Maß an Geländeerfahrung verfügt, sowohl beim Einzel- als auch beim Gruppenreiten, ist die heraufbeschworene Unfallgefahr nicht auf Unkenntnis, sondern auf ein nachlässiges Mißachten von Vorsichtsmaßnahmen zurückzuführen. Sie hat das Kind in eine lebensgefährliche Situation gebracht. Das Kind hatte Glück, mein Pferd aber kam zu Schaden. Die Stallkameradin wußte außerdem um das Rennbahntraining meines Tieres. Auf abgeernteten Äckern im Spätsommer hatte sie die Schnelligkeit meines Tieres beobachten können. Der Ritt an jenem Sonntag war übrigens schon abgesprochen gewesen, als ich der Stallkameradin und dem Kind die Lahmheit meines Tieres mitteilte. Man hat mir den Plan zum Ausreiten einfach verschwiegen.

Da das Pferd wegen seiner Beschwerden, seinem Trainingsmangel und den schlechten Bodenverhältnissen überfordert und die Kinderhand der Aufgabe nicht gewachsen war, glaube ich, daß hier ein grobfahrlässiges Verhalten der Stallkameradin vorliegt."

Die Rechtslage

Ein allgemeiner Rechtsgrundsatz, daß der ältere und erfahrene Reiter bei Ausritten die Verantwortung im Rechtssinne und Haftung für die übrigen Reiter und Pferde hat (deren Verfassung, Trainingszustand, Zäumung, Sattelung, Verkehrssicherheit), besteht nicht. Indessen ergibt sich für eine solche Situation stets eine moralische oder ideelle Verantwortung, wenn der erfahrene Reiter von den Mitreitern als Autorität anerkannt wird. Rechtsansprüche lassen sich aus diesem auf sportlicher und kameradschaftlicher Basis bestehenden Führungs- und Betreuungsverhältnis nicht ohne weiteres ableiten. *ideelle und rechtliche Verantwortung*

Zu dem von Ihnen geschilderten konkreten Vorgang ist folgendes zu sagen:

Vertragliche Ansprüche zwischen Ihnen und Ihrer Stallkameradin, die diesen Ausritt inszeniert hat, bestehen offensichtlich nicht. Solche vertraglichen Ansprüche ergäben sich nur dann, wenn Sie mit Ihrer Stallkameradin eine verbindliche Absprache darüber getroffen hätten, daß sie das Bewegen Ihres Pferdes in der Bahn durch das Kind verantwortlich beobachten bzw. leiten soll, dann aber die Stallgefährtin absprachewidrig das Kind aus eigenem Gutdünken zum Ausritt mitgenommen hat. *Vertragliche Ansprüche*

Dennoch scheint mir diese Stallkameradin Ihnen gegenüber aus dem gesetzlichen Anspruch des § 823 Bürgerliches Gesetzbuch (BGB), also außerhalb eines Vertragsverhältnisses, zu haften, weil sie aufgrund einer zumindest fahrlässig begangenen „unerlaubten Handlung" Ihr Eigentum (das Pferd) zu Schaden gebracht hat. Diese unerlaubte Handlung im Rechtssinne besteht darin, daß jene routinierte und erfahrene Reiterin sich mit dem Kind zu dem Ausritt verabredet hat, obgleich sie wußte, daß dem Kind das Ausreiten auf diesem Pferde nicht erlaubt war. *gesetzliche Haftung*

Das fahrlässige Verhalten dieser Reiterin ist im konkreten Falle um so gravierender, als sie mit dem Kind während des Ausrittes die fehlerhafte Absprache getroffen hat, daß das Kind die beiden anderen teilnehmenden Pferde nach Zuruf im Galopp überholen sollte, wenn das Pferd des Kindes zu schnell würde. Es ist der erfahrenen Reiterin sogar als grobe Fahrlässigkeit zuzurechnen, daß sie Galopp mit dem ungeübten Kind auf dem untrainierten und sogar z. Z. lahmen Pferd auf einer steinharten, mit tiefen Schlepperfurchen behafteten Wegstrecke zuließ.

grobe Fahrlässigkeit

Vertragliche Haftung

Zusammenfassend ist folgendes zu sagen:

Bestehen zwischen dem Geschädigten und der Begleitperson vertragliche Beziehungen (Obhutsvertrag, Dienstvertrag, Miete, Leihe, entgeltlicher Auftrag etc.), so muß der Geschädigte das Bestehen eines derartigen Vertragsverhältnisses zunächst beweisen. In der Regel wird der Schädiger im Rahmen eines solchen Vertrages zwar nur für grobe Fahrlässigkeit oder Vorsatz haften (vgl. §§ 690, 277 BGB), indessen muß er den Beweis führen, daß er nicht grobfahrlässig oder vorsätzlich gehandelt hat (§ 282 BGB). Außerdem haftet im Rahmen des Vertragsverhältnisses der Schädiger auch für das Verschulden derjenigen Personen, der er sich zur Ausführung des Vertrages bedient (§ 278 BGB), also z. B. Hilfsreitlehrer, Unterbevollmächtigte etc.

Entlastungsbeweis

Haftung für Erfüllungsgehilfen

Gesetzliche Haftung

Bei der gesetzlichen – also nicht vertraglichen – Haftung genügt zwar schon eine einfache Fahrlässigkeit des Schädigers, jedoch muß der Geschädigte die Ursächlichkeit des Schadens durch das rechtswidrige und schuldhafte Verhalten des Schädigers voll beweisen; in Ihrem konkreten Fall müssen Sie also durch Zeugen beweisen können, daß

volle Beweislast

1. der Beinschaden im Rahmen dieses Ausrittes geschah (und nicht schon vorher in etwa gleicher Art und gleichem Umfang vorlag),
2. die Reiterin, die den Ausritt inszenierte, routiniert und erfahren war,
3. diese Reiterin wußte, daß dem Kind der Ausritt auf dem Pferd nicht erlaubt war und sie außerdem wußte, daß das Kind unzureichende reiterliche Fähigkeiten hatte und das Pferd auf einem Ausritt nicht beherrschen konnte,
4. die Reiterin wußte, daß das Pferd in einem schlechten Trainingszustand war und lahm ging,
5. die Wegstrecke, auf der der Unfall passierte, aus allgemeiner reiterlicher Sicht für einen Galopp nicht nur ungeeignet, sondern auch generell gefährlich war sowie

6. der Reiterin in Kenntnis der oben genannten Sachlage aufgrund ihrer persönlichen und geistigen Fähigkeiten zuzumuten war, den Eintritt des Schadens allgemein vorauszusehen.

Diese Beweise müssen außer durch zuverlässige Zeugen, notfalls auch durch einen Sachverständigen geführt werden.

Bei Jagdunfällen nur bedingter Schadenersatz

Die Jagdreiterei hat von dem Boom, den der Reitsport seit einigen Jahren erlebt, zweifellos besonders stark profitiert. Allerdings häufen sich auch schwere Reitunfälle nirgends so sehr wie bei den Reitjagden.
Oft sind diese Unfälle auf Unkenntnis des richtigen Verhaltens im Jagdfeld zurückzuführen, oft genug bewegen Ehrgeiz und Geltungsbedürfnis, sich in der Öffentlichkeit zeigen zu können, manch einen, an einer Jagd teilzunehmen, obgleich es noch an den reiterlichen Voraussetzungen dafür fehlt. Diese Reiter bilden eine ständige Gefahrenquelle für das Jagdfeld. Kommt es dann zu Unfällen, führt das sportliche Geschehen einer Reitjagd nicht selten zur Rechtsstreitigkeit.

So stellte sich anläßlich des Unfalls bei einer Schleppjagd die Frage nach der Regulierung etwaiger Schadenersatzansprüche, nachdem ein Pferd vor einem Stop etwas außer Kontrolle geraten und nu schwer durchzuparieren war. Hierdurch kollidierte es mit einer be reits zum Halten gekommenen Reiterin; diese stürzte und zog sich einen komplizierten Beinbruch zu.

Um die Besonderheiten der sich hieraus ergebenden rechtlicher Fragestellung zu verdeutlichen, sei folgende Vorbemerkung zu Sach- und Rechtslage vorausgeschickt:

Das deutsche Zivilrecht unterscheidet bekanntlich (Schaden-)Er satzansprüche aus

Anspruchsgrundlagen: Vertrag
— Vertrag (Beispiel: Der Erwerber klagt aus Kaufvertrag wegen Lie ferung eines mangelhaften Pferdes),

ungerechtfertigte Bereicherung
— ungerechtfertigter Bereicherung (Beispiel: Ein versehentlich zu viel gezahlter Kaufpreis wird zurückgefordert) und

unerlaubte Handlung
— unerlaubter Handlung (Beispiel: Zwei vertragsfremde Personen kollidieren zufällig auf Grund eines äußeren Ereignisses).

Aus vielerlei juristischen Gründen sind Vertragsansprüche in de Regel besser durchsetzbar und einklagbar als gesetzliche Ansprü che. Jedoch hat das Bürgerliche Gesetzbuch (BGB) bei der Delikts haftung für den Geschädigten eine Art Beweisvergünstigung ge

Verschuldens-/Gefährdungshaftung
schaffen. Das Gesetz unterscheidet nämlich zwischen Verschul denshaftung und Gefährdungshaftung. Ein Schädiger kann als auch in dem Falle belangt werden, in dem ihm kein subjektives Ver

schulden nachzuweisen ist; er haftet z. B. für die objektive Innehabung eines PKW, eines Gebäudes oder eines Tieres und für die mit diesen Dingen generell bestehenden Gefahren eben auch dann, wenn er weder vorsätzlich noch fahrlässig den herabfallenden Ziegelstein, das Platzen des Autoreifens oder das Ausschlagen des Pferdes zu verantworten hat (z. B. § 833 Satz 1 BGB).

Eine solche Gefährdungshaftung – sie ist bei einem Sportpferd noch strenger als bei einem Wirtschaftspferd – kann aber in bestimmten Fällen durch Rechtsgewohnheit eingeschränkt sein.

Auf diesen Umstand zielt die rechtliche Kernfrage bei den meisten Jagdunfällen:

Besteht bei Schleppjagden ähnlich wie bei Sportveranstaltungen eine allgemeine Übung, von der Schleppjagdteilnehmer nach aller Erfahrung auch wissen, dahin, daß sich Jagdteilnehmer einander wegen typischer Tiergefahren (Scheuen, Schlagen, Beißen) nicht auf Schadenersatz in Anspruch nehmen, es sei denn, daß die Verletzung im Einzelfall auf ein unreiterliches Verhalten des Schädigers oder auf das Verhalten eines Pferdes zurückzuführen ist, das den Anforderungen einer Schleppjagd nicht gewachsen ist. *gewohnheitsrechtliche Einschränkung?*

Hierauf ist im wesentlichen zu antworten, daß eine Schleppjagd keine gesellschaftliche Veranstaltung, sondern im höchsten Grad sportliches Geschehen im Sinne einer Leibesertüchtigung sowie einer Leistungsprüfung der Pferde ist. Obgleich es bei einer Reitjagd nicht um einen echten Wettkampf handelt (Es gibt keinen Sieger und keine Placierten.), verlangt das Jagdreiten überdurchschnittliches reiterliches Können und größte Anforderungen im physischen wie psychischen Bereich eines sportlichen Einsatzes. *sportlicher Höchsteinsatz*

Wie bei allen anderen Sportarten muß der Teilnehmer wissen, daß das Jagdreiten bestimmte Allgemeingefahren und (besonders im Hinblick auf das lebendige „Sportgerät", das ein vom Reiter unabhängiges Willens- und Gefühlsleben hat,) konkrete Gefahren mit sich bringt. Ein Jagdteilnehmer muß auf Grund von Ausbildung, Belehrung und Zuschauen diesen Erfahrungsgrundsatz kennen; er kann sich nicht darauf berufen, nicht gewußt zu haben, daß das Jagdreiten allgemeine und konkrete Gefahren mit sich bringt. Ein Jagdteilnehmer muß gegen sich gelten lassen, daß im Bewußtsein eines optimalen Beobachters, auch des Nichtfachmanns, die konkrete Sportgefahr höher ist als bei sehr vielen anderen Sportarten. *erhöhte Sportgefahr*

Unter Zugrundelegung der oben aufgeführten Erfahrungstransparenz besteht unter Schleppjagdteilnehmern allgemein die Übung, sich untereinander wegen typischer Tiergefahren nicht in Anspruch zu nehmen. Diese Übung basiert auf einem reiterlichen und ritterlichen Fair play, da jeder Teilnehmer mit einem „Sportgerät" er- *Fair play*

67

scheint, das zu einem bestimmten Prozentsatz nicht restlos kontrollierbar ist.

unreiterliches Verhalten
Diese allgemeine Übung ist eine Tradition von der kein Aufhebens gemacht wird, weil sie eine Selbstverständlichkeit darstellt. Eine Ausnahme von dieser Übung wird nur in Fällen gewährt, wenn eine Verletzung im Einzelfall auf unreiterliches Verhalten des Schädigers zurückzuführen ist. Die Beweislast trifft dann denjenigen, der sich auf das Vorhandensein des Ausnahmefalles beruft.

Unter unreiterlichem Verhalten ist insbesondere zu verstehen:

1. vorsätzliche oder mehr als leicht fahrlässige gefährliche Reitweise (bedingter Vorsatz genügt),

2. ungenügende reiterliche Ausbildung,

3. Kenntnis oder Kennenmüssen der ungenügenden Ausbildung des Pferdes,

4. Kenntnis oder Kennenmüssen vom gefährlichem Charaktermangel des Pferdes.

Ergebnis: Es besteht eine allgemeine Übung, daß Reitjagdteilnehmer sich wegen typischer Tiergefahren untereinander nicht auf Schadenersatz in Anspruch nehmen. Ausnahme: (grob-)unreiterliches Verhalten des Reiters.

Pferdesportveranstaltungen

Strafrechtliche Haftung des Veranstalters

Wer einem anderen schuldhaft Schaden zufügt, muß außer mit seiner zivilrechtlichen Schadenersatzpflicht auch mit der strafrechtlichen Ahndung seines Tuns rechnen. So hatte das Amtsgericht Darmstadt in einer Strafsache über den Vorwurf fahrlässiger Körperverletzung gegenüber Veranstalter und Teilnehmer einer Reitjagd zu urteilen, bei der ein Zuschauer körperlich schwer zu Schaden gekommen war (Urteil vom 24.1.1974, Aktenzeichen 22 Ds 253/72 a–b).

Die Grundsätze, die das Gericht hierbei aufgestellt hat, können als allgemein gültige Auffassung der Strafgerichte angesehen werden. Im konkreten Fall jedoch stößt der Strafausspruch auf gewisse Bedenken. Deshalb ist nach einer auszugsweisen Wiedergabe des Urteils der Frage des individuellen strafrechtlichen Schuldvorwurfs noch in einer kritischen Anmerkung näher nachzugehen.

Vorweg ist ferner zu sagen, daß das Strafurteil selbstverständlich nicht nur für Jagd- sondern praktisch für alle Arten von Reitveranstaltungen maßgebend ist, bei der insbesondere Zuschauer zu Schaden kommen können. Solche Hauptgefahrenpunkte können neben Geländeprüfungen auch Pferdeleistungsschauen auf Turnierplätzen sein, wenn Hindernisse so gefahrbringend aufgestellt sind, daß ausbrechende Pferde oder herumfliegende Hindernisteile Zuschauer, Turnierhelfer oder andere Teilnehmer verletzen können.

Veranstalterhaftung

Da praktisch die Haftung für Schäden bei den Zuschauern und sonstigen Personen nicht vertraglich ausgeschlossen werden kann, ist vor allem den Veranstaltern eine Haftpflichtversicherung für diesen Gefahrenbereich zu empfehlen. Hierzu wird die zivilrechtliche Haftungslage, d.h. wer wem zur Schadenersatzleistung in Geld und in welchem Umfang haftpflichtig werden kann, im nächsten Beitrag gesondert erläutert. Im folgenden wird zunächst die strafrechtliche Seite derartiger Schadenereignisse anhand der amtsgerichtlichen Urteilsgründe beleuchtet.

Aus den Urteilsgründen des Amtsgerichts:

Sachverhalt Im Oktober 19... fand in ... eine Schleppjagd statt, welche von dem Angeklagten A. ausgerichtet wurde, der auch verantwortlich für die Aufstellung der Hindernisse war. Er selbst ist langjähriger Reiter und hat auch auf dem Gebiet der Ausrichtung von Jagden große Erfahrung.

Die Jagd ging so vor sich, daß sie in zwei Feldern stattfand, wobei dem ersten Feld eine Meute veranlief.

Bei den Jagdteilnehmern handelte es sich um Reiter mit unterschiedlicher Erfahrung im Reiten. Sie werden durch Einladungen an die Reitervereine oder auch durch persönliche Einladung für die Teilnahme gewonnen. Die Zuschauer verfolgen die Jagd in einer Autokolonne. Die Fußgänger werden darauf hingewiesen, daß sie die öffentlichen Wege nicht verlassen sollen und den Anweisungen des Anführers der Kolonne Folge zu leisten haben.

An der Jagd hatte auch der Mitangeklagte H. teilgenommen. Dieser hat bei einem Reiterverein eine dreijährige Reitausbildung genossen. Das Pferd, das er an diesem Nachmittag ritt, war ein ausgesprochenes Jagdpferd. Er war bereits wiederholt mit dem Pferd geritten und hatte auch Hindernisse damit genommen.

Etwa gegen 15.00 Uhr begaben sich beide Felder, angeführt von der Meute, nach einem Stop auf die Fortsetzung der Jagd. Der Angeklagte H. ritt hierbei im zweiten Feld. Auf einer Viehkoppel oberhalb des Dorfes waren drei Hindernisse angebracht. Diese standen etwa 150 m auseinander. Das letzte der Hindernisse, in Richtung der reitenden Gruppen gesehen, befand sich in unmittelbarer Nähe eines öffentlichen Weges. Das Hindernis bestand aus einem festen Balken, welcher 12 m lang war. Die Höhe des Hindernisses betrug 80 cm. An seiner rechten Seite, wiederum in Richtung der Reiter gesehen, befand sich eine etwa 2 m hohes Fichtenbäumchen. Etwa 50 cm von der äußersten rechten Seite entfernt befand sich ein elektrischer Drahtzaun, welcher etwa 50 cm hoch war. Der Weg, welcher unmittelbar daran vorbeiführt, ist etwa 4 bis 6 m breit. Es handelt sich um einen Feldweg, welcher nicht nur durch Fußgänger, sondern auch durch Fahrzeuge benutzt wird. Trotz dieser unmittelbaren Nähe des Hindernisses an einem öffentlichen Weg hatte der Angeklagte A. hier weder Ordner aufgestellt noch sonstige Sicherheitsvorkehrungen getroffen.

Unter den Fußgängern, die dort an diesen Hindernissen vorbeigingen, befand sich auch der Nebenkläger N, welcher Lehrer von Beruf war und mit zwei Schulkindern einen Spaziergang unternahm. Hierbei wollte er sich gleichzeitig die Jagd anschauen. Als das zweite Feld sich diesem Hindernis näherte, stand der Nebenkläger dicht und in unmittelbarer Nähe des Fichtenbäumchens. Er befand sich allerdings außerhalb des dünnen Drahtzaunes. Er stand mit je einem Kind an der Hand zwei bis drei Meter von dem Fichtenbäumchen entfernt, aber unmittelbar am Zaun selbst. Der Angeklagte H. ritt auf der äußeren rechten Seite des Feldes. Etwa 10 bis 15 m vor dem Hindernis, das der Angeklagte nehmen wollte, brach sein Pferd plötzlich nach rechts aus. Zu diesem Zeitpunkt war der Nebenkläger für den Angeklagten H. durch das Fichtenbäumchen verdeckt. Dem Angeklagten H. gelang es nicht, das Pferd unter seine Gewalt zu bringen. Das Pferd nahm zwar noch teilweise den Sprung, kam aber hierbei in das Fichtenbäumchen und anschließend, ebenfalls im Sprung, gegen den Nebenkläger. Dieser wurde zu Boden gerissen und nicht unerheblich verletzt. Der Nebenkläger ist heute noch nicht hergestellt. An den Unfall kann er sich nicht mehr erinnern.

In der Hauptverhandlung vertritt der Angeklagte A. den Standpunkt, daß er nach seiner Meinung alles getan habe, was für die Sicherheit der Fußgänger und Beteiligten getan werden könne. Insbesondere seien die Fußgänger darauf hingewiesen worden, die Wege nicht zu verlassen und den Anweisungen der Mithelfer des Angeklagten A. zu folgen.

Entgegen seiner Auffassung aber muß festgestellt werden, daß der Angeklagte A. nicht genügend die erforderlichen Sicherheitsvorkehrungen getroffen hat. Denn der Angeklagte A. wußte, daß das Hindernis unmittelbar an einen öffentlichen Weg anschloß. Es lag auf der Hand, daß diesen Weg auch noch Personen begehen konnten, welche von irgendeiner Belehrung keinerlei Kenntnis hatten und auch nicht über die Gefahren einer solchen Jagd Bescheid wußten. Daß Pferde gelegentlich ausbrechen, war dem Angeklagten A. als altem Reitersmann selbstverständlich bewußt. Er hätte daher allen Anlaß gehabt, gerade an dieser Stelle entweder einen Ordner aufzustellen oder das Hindernis weitmehr in der Viehkoppel aufzustellen, d. h. also, weit mehr vom Wege entfernt. Daß dies möglich war, hat die im darauffolgenden Jahr stattfindende Jagd bewiesen. Denn bei dieser Jagd waren die Hindernisse vom Weg weggerückt. Daran ändert auch nichts, daß der Nebenkläger durch einen gewissen Herrn X. aufgefordert wurde, von diesem Hindernis wegzugehen. Denn offensichtlich hat Herr X. nicht darauf geachtet, daß dieser Aufforderung auch Folge geleistet wurde. Auf die Vernehmung dieses Zeugen kam es daher nicht mehr an. Dem Angeklagten A. muß daher vorgeworfen werden, daß er es schuldhaft unterlassen hat, dieses Hindernis genügend gegen Unfälle abzusichern. Insoweit hat er fahrlässig gehandelt.

strenge Sicherheitsmaßnahmen

Allerdings kann nicht übersehen werden, daß den Nebenkläger ebenfalls ein erhebliches Mitverschulden trifft. Denn immerhin war er damals Lehrer und hätte daher die Einsicht haben müssen, zumal er zwei Schulmädchen an seiner Hand hatte, daß es sehr gefährlich

Mitverschulden

sein kann, sich so dicht an einem Hindernis aufzustellen, das in keiner Weise genügend gesichert ist. Denn der dünne elektrische Drahtzaun war für ein ausbrechendes Pferd keinerlei nennenswertes Hindernis. Gerade als Schullehrer hätte sich der Nebenkläger sagen müssen, daß ihn auch für die beiden Kinder, von denen eines auch leicht verletzt wurde, eine besondere Fürsorgepflicht traf. Dieser Umstand ändert aber nichts daran, daß auch der Angeklagte A. für den Unfall mitverantwortlich ist.

Andererseits kann dem Angeklagten H. als Reiter ein Verschulden nicht nachgewiesen werden. Denn wie er unwiderlegbar erklärt, hat er den Nebenkläger erst im letzen Augenblick gesehen. Dieser war durch das Bäumchen verdeckt. Dies erscheint insbesondere deshalb plausibel, weil der Fußweg etwas niedriger als das Hindernis liegt. Der Angeklagte hat vielmehr den Zeugen und Nebenkläger erst erkannt, als das Pferd bereits im Sprung auf etwa 2 bis 3 m an ihn heran war. Ein ausbrechendes Pferd kann aber auf eine derart kurze Entfernung nicht mehr gebändigt und gehalten werden. Der Angeklagte A. war daher nicht mehr in der Lage, irgendwelche Gegenmaßnahmen, nachdem das Pferd einmal ausgebrochen war, gegen den Unfall zu treffen.

Nach dem Ergebnis der Beweisaufnahme hat der Angeklagte A. sich daher einer fahrlässigen Körperverletzung schuldig gemacht. Das Gericht hat gegen ihn auf eine Geldstrafe von DM 300,– erkannt. Dadurch sollte insbesondere zum Ausdruck gebracht werden, daß das Gericht trotz der erheblichen Folgen des Unfalls, das Verschulden des Angeklagten A. nicht als sehr schwerwiegend ansieht. Insbesondere aber wurde auch das Mitverschulden des Nebenklägers hierbei berücksichtigt. Denn es darf auch nicht übersehen werden, daß bei allen Jagden in N. bislang dies der einzige nennenswerte Unfall war. Unter Abwägung dieser Umstände erscheint die Geldstrafe von DM 300,– hier angemessen und ausreichend. Der Mitangeklagte H. mußte freigesprochen werden.

Kritische Urteilsanmerkung

Gegen das Urteil ergeben sich im Hinblick auf die Strafbarkeit des Veranstalters Bedenken.

Zwar ist es richtig, daß der Organisator derartiger „generell gefahrbringender Sportveranstaltungen" erhebliche Pflichten hat, für die Sicherheit der Zuschauer zu sorgen. So müssen die Schutzmaßnahmen auch ein etwaiges atypisches Fehlverhalten des Publikums einkalkulieren.

Andererseits darf im Hinblick auf die Verantwortlichkeit des Veranstalters der Bogen nicht überspannt werden. Der Zuschauer, besonders wenn er nicht als zufälliger Spaziergänger von der Jagdreitergruppe überrascht wird, sondern sich gezielt zum Beobachten einer derartigen Veranstaltung begibt, weiß, daß diese wie jede andere Sportveranstaltung ein gewisses Risiko für sämtliche Teilnehmer in sich birgt. Dies gilt um so mehr bei einer Veranstaltung im freien Gelände, das aufgrund seiner natürlichen Beschaffenheit und Unübersichtlichkeit auch bei Einsatz sämtlicher verfügbarer Mittel nicht vollständig kontrollierbar ist.

begrenzte Schutzmöglichkeit

Ist es wirklich vertretbar, dem Veranstalter den Vorwurf einer Körperverletzung zur Last zu legen, obwohl er beim besten Willen nicht sämtliche möglichen Gefahren, die nicht nur durch achtloses, sondern geradezu außergewöhnlich leichtsinniges Verhalten anderer entstehen, voraussehen kann?

In vorliegenden Fall verließ sich der Verletzte, der zudem noch zwei kleine Kinder bei sich hatte, darauf, daß schon alles weiterhin gut gehen würde, da bisher sämtliche Pferde das Hindernis übersprungen hatten. Gerade hierin liegt, wie das Gericht auch erkennt, eine erhebliche Leichtfertigkeit. Entgegen der Warnung mehrerer Umstehender kletterte N. über einen Zaun, um das Geschehen noch besser verfolgen zu können. Darüber hinaus stellte er sich so hin, daß er von den Reitern aus durch ein Bäumchen verdeckt war und somit als Gefahr nicht erkennbar war. Ein derartiges Fehlverhalten eines Zuschauers kann keinem Veranstalter als strafrechtliches Verschulden angelastet werden, da sonst sämtliche Sportveranstaltungen nicht mehr durchführbar wären. Ein Zaun in der Nähe eines Hindernisses dient, selbst wenn er nicht extra zu diesem Ereignis errichtet wurde, für jeden vernünftigen Beobachter erkennbar, mindestens ebenso dem Schutz des Publikums wie ein Ordner, der auf dem weitläufigen Gelände naturgemäß nicht überall aufpassen kann.

Fehlverhalten des Verletzten

Da der Verletzte trotz der für die Umstehenden – und jeden objektiven Beobachter – durchaus sichtbaren Gefahr auf deren wiederholte Warnungen nicht geachtet hat, fehlt es an der Kausalität der Verletzung seitens des Veranstalters. Auch ein Ordner oder eine vom Gericht vorgeschlagene Hinweistafel hätte keine abschreckendere Wirkung erzielen können.

Bei einem derartigen Übermaß von Leichtsinn, das quasi ein Herausfordern der Gefahr bedeutet, kann dem Veranstalter keine strafbare Handlung vorgeworfen werden.

Wer haftet wie?

Schadenersatzpflicht von Reitjagdveranstaltern und -teilnehmern für verletzte Zuschauer

Das vorhergehende Kapitel befaßte sich kritisch mit dem Strafanspruch des Staates gegenüber einem Jagdreiter und Master, der für den Aufbau der Strecke verantwortlich und im Zusammenhang mit der Verletzung eines Zuschauers wegen fahrlässiger Körperverletzung verurteilt worden war. Nunmehr werden die sich aus derartigen Sachverhalten ergebenden zivilrechtlichen Folgen erläutert.

Um die rechtliche Antwort auf die Frage geben zu können, für und gegen wen in welchem Umfang Schadenersatzansprüche vorhanden sein können, muß man sich zunächst den insoweit bedeutsamen Inhalt des vorangegangenen Strafverfahrens vergegenwärtigen:

Ein langjähriger Reiter mit großer Erfahrung hatte eine Schleppjagd ausgerichtet. An dieser nahmen Reiter mit unterschiedlichen Qualifikationen teil. Hindernisse wurden unter anderem auf einer Viehkoppel in unmittelbarer Nähe eines öffentlichen Weges aufgebaut. Ein Hindernis befand sich ca. einen halben Meter von dem öffentlichen Weg entfernt und wurde durch einen elektrischen Drahtzaun von diesem abgeschirmt. Andere Sicherheitsvorrichtungen, etwa durch Aufstellen von Ordnern oder Schildern, waren nicht getroffen. Zwischen dem Hindernis und dem Weg befand sich ein ca. zwei Meter hohes Fichtenbäumchen, das den Reitern den Blick auf die Zuschauer verstellte.

strafrechtliche Seite

Fußgänger waren generell darauf hingewiesen worden, daß sie die Wege nicht verlassen dürften.

Dennoch überkletterte der damalige Nebenkläger N. mit seinen Schulkindern einen Zaun und stellte sich dicht hinter die Fichte unmittelbar an den elektrischen Drahtzaun, um das Geschehen besser verfolgen zu können. Etwa 10 bis 15 Meter vor dem Hindernis brach das Pferd des Jagdteilnehmers H., der eine dreijährige Reitausbildung absolviert hatte, aus. H. verlor die Gewalt über das Pferd, das N. erheblich verletzte.

Das Amtsgericht Darmstadt verurteilte den Veranstalter A. wegen fahrlässiger Körperverletzung zu 300,– DM Geldstrafe. Es berücksichtigte dabei, daß das Verschulden des A. nicht schwerwiegend war, dem N. jedoch ein erheblicher Vorwurf hinsichtlich seines Mitverschuldens gemacht werden mußte.

Der Reiter H. wurde dagegen freigesprochen.

Das Strafrecht regelt den Anspruch des Staates gegen den Missetäter auf Sühne, anders das Zivilrecht: hier geht es um private Ansprüche der Bürger untereinander.

private Haftpflicht

Die zivilrechtliche Lage dieses Falles stellt sich erheblich anders dar als die abgehandelte strafrechtliche Seite. Zwar besteht aufgrund der Einheit unserer Rechtsordnung im wesentlichen der gleiche Maßstab für das Verschulden im Zivil- und Strafrecht. Jedoch ist die Bewertung in den einzelnen Rechtsgebieten durchaus unterschiedlich. So gibt es im Zivilrecht z. B. eine Haftung ohne Verschulden, etwa bei der Tierhalterhaftung, und eine ganz erhebliche Berücksichtigung des Mitverschuldens. Auf unseren Fall bezogen heißt dies folgendes:

Verkehrssicherungspflicht des Veranstalters

Der Veranstalter einer Reitjagd muß dafür sorgen, daß keine Gefahren für die Jagdteilnehmer oder andere Personen entstehen können. Ihn trifft eine sogenannte Verkehrssicherungspflicht (§ 823 Abs. 1 und 2 Bürgerliches Gesetzbuch -BGB- i.V. mit § 230 Strafgesetzbuch). Geht man – die Meinung des Amtsgerichts Darmstadt als richtig unterstellt – davon aus, daß A. das letzte Hindernis nicht derartig dicht an dem öffentlichen Weg und im besonderen in Nähe der Zuschauer aufstellen durfte, hat er die Verkehrssicherungspflicht verletzt. Andererseit kann der geschädigte N. aus dieser geringfügigen Sorgfaltspflichtverletzung des A. keine hohen Schaden- und Schmerzensgeldansprüche ableiten (§§ 249, 847 BGB).

Mitverschulden von Zuschauern

N. hat sich derart leichtfertig und fahrlässig verhalten, daß ihn ein überwiegendes Mitverschulden trifft. Gemäß § 254 BGB bemessen sich der Umfang und die Höhe des Schadensersatzes bzw. Schmerzensgeldes nach der Verantwortlichkeit des einzelnen am Unfall Beteiligten. N. hat sich, zumal er von verschiedenen Passanten gewarnt worden war, bewußt in die Gefahr begeben, so daß die Verantwortlichkeit des Veranstalters kaum ins Gewicht fällt. Ein Richter würde den A. wohl zum Ersatz von etwa 10 % des geltend gemachten Gesamtschadens verurteilen.

Tierhalterhaftung

Der Jagdreiter H. wurde im Strafprozeß mangels Verschulden freigesprochen. Das Gericht konnte ihm den Vorwurf fahrlässiger Körperverletzung (§ 230 StGB) nicht machen, da H. den durch das Bäumchen verdeckten N. nicht sehen und daher der Gefahr nicht ausweichen konnte. Im Zivilrecht kommt es für eine etwaige Haftung des H. als Tierhalter auf sein Verschulden nicht an. Die schon häufiger behandelte Tierhalterhaftung ist eine sogenannte Gefährdungshaftung, also eine Haftung ohne Verschulden. Daher besteht grundsätzlich ein Schaden- und Schmerzensgeldanspruch des N. gegen H. (§§ 833 Abs. 1, 249, 847 BGB).

Man würde der Verantwortlichkeit der Parteien jedoch nicht gerecht, wenn man nicht auch hier das außergewöhnlich leichtsinnige Verhalten des N. berücksichtigen würde. Auch der Tierhalter kann dem Verletzten dessen Mitverschulden entgegenhalten. Der leichtsinnig handelnde N. kann daher auch von dem Jagdteilnehmer und Tierhalter nur einen im Verhältnis zu der Höhe des entstandenen Schadens geringfügigen Betrag verlangen. *Mitverschulden*

Wir haben es also mit zwei „Schädigern" zu tun. Der Verletzte N. kann nun jedoch nicht mit seinem einmal entstandenen Schaden ein Geschäft machen und von beiden, A. und H., Schadenersatz verlangen. Vielmehr haften A. und H. als Gesamtschuldner (§ 840 Abs. 1 BGB). D. h., daß N. sich wahlweise an A. oder H. wenden kann und von einem der beiden seinen Schaden ersetzt bekommt. *gesamtschuldnerische Haftung*

A. und H. müssen sich dann ihrerseits im Innenverhältnis auseinandersetzen, wobei in ihrem Verhältnis zueinander A. allein ersatzpflichtig wird. Ist nämlich neben demjenigen, der als Tierhalter kraft Gefährdung haftet, noch jemand anders aufgrund erwiesenen Verschuldhaft gehandelt hat (§ 840 Abs. 3 BGB). Zahlt also beispielsweise H. an N. kann er von A. Ausgleich in voller Höhe des von ihm geleisteten Schadenersatzes verlangen. *Innenverhältnis*
H. an N. kann er von A. Ausgleich in voller Höhe des von ihm geleisteten Schadenersatzes verlangen.

Die Sorgfaltspflichten des Turnierveranstalters bei Parcoursaufbau und Zuschauerabgrenzung

Frage:

Mein Mandant war unbeteiligter Zuschauer bei einem Reitturnier in W. Er saß hinter der Abgrenzung und schaute einem Springen zu. Dabei wurde er von einem Pferd, das ein jugendlicher Turnierreiter bei einem Springen nicht mehr in der Gewalt hatte und das über die Barriere sprang, sich dabei überschlug und den außen sitzenden und völlig unbeteiligten Zuschauer unter sich begrub, schwer verletzt. Der Verunglückte mußte mit einem Hubschrauber in ein Unfallkrankenhaus gebracht werden, wo er viele Wochen künstlich beatmet werden mußte und seine zahlreichen Rippen- und Beckenbrüche behandelt wurden.

Die geltend gemachten Schadenersatzansprüche gegen den Tierhalter werden von dessen Haftpflichtversicherung nicht bestritten.

Zweifelhaft aber und bestritten ist die Haftung des veranstaltenden Vereins. Hier wird der Standpunkt vertreten, daß der Verein als solcher angeblich alle Vorkehrungen getroffen habe, die üblich und zumutbar sind. Dieser Standpunkt ist insbesondere von dem Vertreter der Kommission für Pferdeleistungsprüfungen vertreten worden; er ist der Meinung, daß der Veranstalter die ihm obliegende Sorgfaltspflicht nicht verletzt habe und daß auch die Hindernisse so gestanden hätten, daß das Pferd, wenn es nur verweigern wollte, zwischen dem Hindernis und der Umgrenzungs-Barriere hätte durchgaloppieren können.

Auf Befragen über diese seine Feststellungen erklärte der betreffende Herr der Landeskommission, daß nur ihm als Richter bekannt gewesen war, daß dieses Pferd schon öfter aus dem Parcours gesprungen ist. Er verneinte meine Frage, ob dies auch dem Veranstalter, d. h. den Vorstandsmitgliedern des veranstaltenden Reitvereins bekannt gewesen wäre.

Auch von anderer, angeblich sachverständiger Seite wurde der Standpunkt vertreten, daß im vorliegenden Falle keinerlei Anhaltspunkt für irgendein Verschulden des Veranstalters vorläge. Es gäbe auch keine Bestimmungen in der Richtung, daß ein Veranstalter das Recht habe, bestimmte Pferde von der Teilnahme an einem Turnier auszuschließen.

Ich vermag mich dieser Auffassung keineswegs anzuschließen. Ich bin vielmehr der Meinung, daß der Organisator derartiger generell gefahrbringender Sportveranstaltungen erhebliche Pflichten hat, für die Sicherheit der Zuschauer zu sorgen. Die Frage ist aber, welche Schutzmaßnahmen getroffen werden müssen und was möglich ist, um Unfälle der vorstehenden Art zu vermeiden, insbesondere also völlig unbeteiligte Zuschauer, die außerhalb der Barrieren sitzen, vor Verletzungen zu schützen.

Antwort:

Nach dem hier geschilderten Sachverhalt scheint mir, der Veranstalter hat hinsichtlich einer Absperrung oder der Linienführung seines Parcours nicht die im Verkehr erforderliche Sorgfalt walten lassen.

Sorgfaltspflicht des Veranstalters

Wenn der Veranstalter Steh- oder Sitzplätze an einer Stelle der Parcours-Begrenzung zuläßt, dann müssen diese so gesichert sein, daß nach menschlichem Ermessen ein Pferd nicht in die Zuschauermenge hineinspringen kann. Mir scheint, daß es hier weniger auf die Abgrenzung als solche ankommt, als auf die Linienführung im Parcours. Wenn nämlich das Hindernis in der Weise angelegt ist, daß es zu nahe an der Zuschauerabgrenzung steht, bzw. in direkter Sprungrichtung auf die Zuschauer, dann haftet der Veranstalter, wenn er nicht das Risiko ausgeschaltet hat, daß das Pferd durch Verweigern, Ausbrechen oder zu starkes Tempo nach einem an der Abgrenzung zu nahe gelegenen Sprung die Zuschauer verletzt. Es kann im Einzelfall sein, daß ein Hindernis sich nicht anders aufbauen läßt, dann aber hätte diese Stelle für Zuschauer hinter den Abgrenzungen noch gesondert gesichert oder gesperrt werden müssen.

Linienführung und Begrenzung des Parcours

Ich kann näheres zu dem Fall aber erst dann sagen, wenn ich eine genaue Parcours-Skizze einsehen könnte, die auch die Abmessungen und Abstände von den Absperrungen ersichtlich macht. Im vorliegenden Fall kommt für die Haftung des Veranstalters erschwerend hinzu, daß der Jury bekannt war, daß das betreffende Pferd für ein solches Springen ungeeignet und als sogenannter Ausbrecher bekannt war. Die Richtergruppe ist verpflichtet, die Pferde, die einer Konkurrenz nicht gewachsen sind und deswegen oder aus anderen Gründen eine Gefährdung für andere Teilnehmer und Zuschauer darstellen, von der Veranstaltung auszuschließen.

Ausschlußpflicht

Es handelt sich hier nicht um ein Recht des Veranstalters bzw. der für ihn als sogen. Verrichtungsgehilfe tätigen Richtergruppe, sondern sogar eine Pflicht, die sich aus den allgemeinen Grundsätzen einer Verkehrssicherungspflicht für grundsätzlich risikobehaftete Veranstaltungen ergibt.

Recht der Reitlehrer und Bereite

Sind die Berufsbezeichnungen „Reitlehrer" und „Diplom-Reitlehrer" geschützt?

Frage:

Vor einem Vierteljahr landete ein als „XY-Schüler" avisierter „Diplom-Reitlehrer" freiberuflich als Reitlehrer in unserem Verein. Er bezog die vereinseigene Reitlehrerwohnung. Bereits sechs Wochen nach Einstellung mußten wir uns von diesem Mann wegen seines unmöglichen Verhaltens wieder trennen. In unserer Stadt hatte sich der „Diplom-Reitlehrer" polizeilich nicht angemeldet, aber auf sehr zweifelhafte Weise über DM 5000,– Schulden gemacht, die zu seinen ihn ständig verfolgenden Schulden aus früheren Jahren hinzuzurechnen sind. Dies merkten wir durch Eintreffen zahlreicher gerichtlicher Pfändungs- und Überweisungsbeschlüsse, die von seinen Gläubigern hier zwecks Gehaltspfändung eingingen.

Ein weiterer Kündigungsgrund für den Verein war sein – vorsichtig ausgedrückt – merkwürdiges Verhalten besonders gegenüber weiblichen Reitschülern und seine fast tägliche Vorliebe für den Alkohol. Aus der vereinseigenen Wohnung konnten wir ihn erst Wochen nach erfolgter Kündigung durch einen Räumungsprozeß herausklagen.

Wie kann man sich gegen solche Menschen schützen, die einem ehrenwerten Berufsstand wie dem des Reitlehrers solche Unehre machen?

Bei welcher Stelle sind in Deutschland die Diplom-Reitlehrer registriert? Das Sonderarbeitsamt in Verden für reiterliche Fachberufe hatte uns seinerzeit auf Nachfrage mitgeteilt, daß nichts Nachteiliges gegen diesen Mann dort bekannt sei.

Antwort:

Zunächst muß man von der zwar bedauerlichen, aber statistisch richtigen Tatsache ausgehen, daß in jedem Berufszweig (ob nun bei Handwerkern oder Akademikern oder Freiberuflichen) ein gewisser Prozentsatz von „Außenseitern" existiert, der berufsethische Grenzen nicht anerkennt oder sich in der Ausübung seines Berufes echt kriminell verhält.

Gegen solche Menschen kann man sich nur dadurch vorbeugend schützen, daß man als Arbeitgeber oder Geschäftspartner eine umfassende Auskunft über den betreffenden zukünftigen Mitarbeiter einholt.

So ist es eine Selbstverständlichkeit, daß der Arbeitgeber sich als erstes davon überzeugt, ob der Bewerber überhaupt eine staatlich anerkannte Reitlehrerprüfung bzw. die Reitlehrerprüfung (FN) abgelegt hat; hierzu muß seiner Bewerbung entweder eine Fotokopie oder beglaubigte Abschrift der Prüfungszeugnisse beigefügt sein. Bereits die Bezeichnung „Diplom-Reitlehrer" hätte jeden in obigem Falle hellhörig machen müssen, denn eine solche offizielle Titulierung existiert überhaupt nicht. Darüber hinaus sollte man sich einen Lebenslauf und Zeugnisse der Reitbetriebe, bei denen der Bewerber bisher tätig war, vorlegen lassen. Gerade wenn in jenen Unterlagen zeitliche Lücken erkennbar werden, ist es wichtig, nachzufragen oder weitere Erkundigungen einzuholen. Geben die Zeugnisse nicht viel her oder sind die Auskünfte der früheren Arbeitgeber nichtssagend oder sehr zurückhaltend, so ist es zweckmäßig, vom Bewerber Referenzen durch Persönlichkeiten anzufordern, die als absolut seriös bekannt sind oder im öffentlichen Leben stehen.

Reitlehrerprüfung

Zeugnisse

Referenzen

Das Arbeitsamt oder die Fachvermittlung für Berufe des Reit- und Fahrwesens kann im allgemeinen nur die Angaben, die der jeweilige Bewerber in einem diesbezüglichen Fragebogen macht, weiterleiten; es ist selbstverständlich nicht in der Lage über die berufliche Leistung des Bewerbers – geschweige denn über dessen charakterliche oder moralische Haltung Auskunft zu geben.

Die Berufsbezeichnung „Reitlehrer" ist nicht geschützt. Bedauerlicherweise kann sich heute jeder als Reitlehrer bezeichnen, der sich für einen solchen hält. Durch diesen Mißbrauch ist der Reiterei im Laufe der Jahre viel Schaden zugefügt worden, indem Schüler völlig unqualifizierten Unterricht erhielten oder sogar im Zusammenhang damit Unfälle erlitten. Die Deutsche Reiterliche Vereinigung in Verbindung mit der Fachgruppe Berufsreiter und -fahrer im Deutschen Reiter- und Fahrer-Verband (DRFV) will erneut die Möglichkeit überprüfen, wie ein solcher Mißbrauch verhindert werden kann.

Berufsbezeichnung

Seit 1927 ist durch staatliche oder staatlich anerkannte Ordnungsmittel die Berufsausbildung im Reit- und Fahrsport geregelt. Nach dem Kriege wurde das Prüfungswesen wieder durch die Fachgruppe Berufsreiter und -fahrer im DRFV ins Leben gerufen, ab 1962 in der Ausbildungs- und Prüfungsordnung (APO) der Deutschen Reiterlichen Vereinigung (FN) verankert. Alle die, die Bereiterprüfung bestanden haben, können die Berufsbezeichnung „Bereiter (FN)", die die Reitlehrerprüfung bestanden haben „Berufsreitlehrer (FN)" führen. Berufsreiter, die die entsprechenden Prüfungen im Bundesland Bayern abgelegt haben, führen die Berufsbezeichnung „staatlich anerkannter Bereiter" bzw. „staatlich anerkannter Berufsreitlehrer".

APO

In einer Verordnung für die Berufsausbildung im Pferdesport vom 1.11.1975 wurde ein neuer Ausbildungsberuf, der „staatlich aner-

Pferde- kannte Pferdewirt" geschaffen. In diesem sind die Sparten Reiten,
wirt   Rennreiten, Trabrennfahrer sowie Zucht und Haltung erfaßt. Es ist zunächst vorgesehen, daß diejenigen, die die Abschlußprüfung zum staatlich anerkannten Pferdewirt – Schwerpunkt Reiten – bestehen, zugleich die Bezeichnung „Bereiter (FN)" führen können. Bis zum Erlaß einer neuen Verordnung über die Fortbildungsstufe bis zur Prüfung zum staatlich anerkannten Berufsreitlehrer gelten noch die Bestimmungen der APO, die die Abschlußprüfung mit der Berufsbezeichnung „Berufsreitlehrer (FN)" bzw. Bayern „staatlich anerkannter Berufsreitlehrer" enthält.

Interessen- Die legale, sowohl von den Behörden als auch der Deutschen Reiter-
vertretung lichen Vereinigung (FN) anerkannte Interessenvertretung aller in diesem Beruf Tätigen ist die Fachgruppe Berufsreiter und -fahrer im Deutschen Reiter- und Fahrer-Verband e.V.. Der Fachgruppe gehören so gut wie alle qualifizierten Berufsreiter an. Informationen können dort jederzeit eingeholt werden. Die Anschrift lautet: Fach-
Auskünfte gruppe Berufsreiter und -fahrer im DRFV, Am Weierberg 21, 6273 Waldems-Niederems, Tel.: 06087/383. Gleichfalls steht das Referat Ausbildung in der Abteilung Sport der Deutschen Reiterlichen Vereinigung, Löhnsstr. 13, 4410 Warendorf, Tel.: 02581/8041 für Auskünfte zur Verfügung.

M e r k e : Nicht jeder, der sich als Reitlehrer bezeichnet, ist ein solcher!

Rahmenregelung für freiberufliche Reitlehrer

Frage:

Bisher war ich als Reitlehrer in einem Verein als Angestellter tätig. Ich habe jetzt ein Angebot erhalten, in einem großen Reiterverein Norddeutschlands freiberuflich als Ausbilder tätig zu sein. Wie man mir sagte, sei dort ein Angestelltenverhältnis nicht üblich. Das Angebot, das mir gemacht wurde, ist sehr verlockend. Wie aber ist meine Rechtsstellung und was muß ich bei der Vereinbarung beachten? In welcher Form wird der Vertrag geschlossen?

Antwort:

Es dürfte für Sie genügen, wenn Sie vom Vorstand des Vereins ein Schreiben erhalten, in dem Ihnen bestätigt wird, daß Sie freiberuflich, d. h. auf eigene Rechnung, sich verpflichten, für den Verein als Reitlehrer tätig zu werden. Hierbei erhalten Sie für jede von Ihnen gegebene Reitstunde einen Betrag von DM x, für das Bereiten einen Betrag von DM y, wobei der Verein daran interessiert sein dürfte, daß Sie xx Stunden für Unterricht und yy Pferde selbständig bereiten. Sofern Sie auch das Voltigieren übernehmen, muß die dafür ausgemachte Vergütung selbstverständlich gleichfalls angeführt werden.

schriftliche Bestätigung

Alle übrigen Funktionen im Rahmen des Vereins, d. h. z. B. Aufsicht im Stall, haben im Gegensatz zu einem Angestellten mehr beratenden Charakter, wobei Sie selbstverständlich auch berechtigt sein können, Weisungen zu erteilen. Das gleiche gilt z. B. auch für Futtereinkauf und Fragen der Abrechnung.

Selbstverständlich müssen Sie Ihre Steuer dann persönlich abführen und selbst für Ihre Sozialversicherungen aufkommen. Ganz besonders wichtig ist, daß Sie auch eine Reitlehrerhaftpflichtversicherung abschließen.

Die sonst übliche Urlaubsregelung entfällt natürlich. Trotzdem erscheint es zweckmäßig, zu vereinbaren, wie lange Sie im Jahr verreisen wollen, damit der Verein entsprechend disponieren kann.

Der Reitlehreranstellungsvertrag

„Vertrauen ehrt, Verträge sind besser!" Demgemäß stellen fachlich anerkannte Grundsatzregeln, wie sie sich seit alters her in vielfältiger Praxiserfahrung herausgebildet haben, immer die unverzichtbare Basis für eine vertrauensvolle Ausgestaltung des Arbeitsverhältnisses zwischen Reitlehrer und Verein dar. Aufgabe des Juristen ist es nunmehr, aus bewährter Übung hervorgegangene Gepflogenheiten in die maßgerechte Form eines Vertragsmusters zu gießen, das als Vorschlag für eine entsprechende vertragliche Vereinbarung am Ende des Beitrags abgedruckt ist.

Dabei wird nicht verkannt, daß die besten Verträge diejenigen sind, die in der Schublade liegen bleiben, nachdem sie unterzeichnet sind. Dies ist der Idealfall. Indes, bei Verträgen zwischen zwei Partnern ist es oft wie bei einer langjährigen Ehe: Die ersten Jahre sind störungsfrei, jeder nimmt auf den anderen Rücksicht, aber dann kommt der Alltag, und es werden Reibungspunkte und „Nahtstellen" bekannt, an deren Regelung vorher keiner gedacht hat.

Kein Vertrag ist in der Lage, jeden möglichen Einzelfall zu bedenken. Wir haben an dieser Stelle schon oft betont, daß es in vielen Dingen auf die konkreten Umstände ankommt.

Musteranhalt Das hier vorgelegte Vertragsmuster soll insoweit nur die wesentlichen Gesichtspunkte fixieren, die für einen derartigen Arbeitsvertrag notwendig sind.

Eine Anzahl von Bestimmungen braucht in einem Vertrag nicht ausdrücklich Erwähnung zu finden, wenn sie im Gesetz automatisch geregelt sind (z. B., daß der Reitlehrer ein Zeugnis verlangen kann, sobald eine Kündigung ausgesprochen ist).

Nebentätigkeit Eine besondere Problematik stellt die Genehmigung einer Nebenbeschäftigung des Reitlehrers durch den Arbeitgeber dar (siehe § 3 Abs. 2). Hier müßte ausdrücklich und verbindlich vereinbart werden, ob und wie viele Pferde der Reitlehrer in eigener Regie ausbilden bzw. bereiten darf, oder ob er an Pferdekäufen oder -verkäufen mitwirken kann und ihm dafür eine Provision gesondert zusteht.

Die Teilnahme des Reitlehrers an Fortbildungslehrgängen (Berufsreiterseminare usw.) müßte eigentlich in die Rubrik der Pflichten des Reitlehrers mit aufgenommen werden; genausogut kann man diesen Fall aber auch unter der Rubrik „Rechte" regeln.

Ein guter Vertrag zeichnet sich immer durch Kürze, Klarheit und verständliche Sprache aus. Allgemeine Grundsatzanweisungen können entfallen. Sie sind meist unverbindlich, weil nicht einklagbar – sie helfen auch nicht bei der Vertragsauslegung, sondern können nur zu Mißverständnissen führen. So ist mir kürzlich ein Muster eines Reitlehreranstellungsvertrags, den es als Vordruck auch im Handel geben soll, unter die Augen gekommen, dessen Präambel einfach lächerlich wirkt und dessen Bestimmungen und Formulierungen ganz sicherlich nicht ganz gegenwartsnah sind. Aus diesem Grunde sind Formulierungen verpönt, die etwa lauten:

,,Während des Reitunterrichts verpflichtet sich der Reitlehrer, in Art und Umfang eine Respektsperson zu verkörpern" oder ,,Der Reitlehrer hat während seines Dienstes eine saubere und korrekte Gewandung anzulegen". Noch schlimmer wird es, wenn der Vertragstext von ,,Prinzipal" spricht, der dem Reitlehrer Aufgaben delegieren kann. Auch wirkt es dem Sinn und Zweck eines Vertrags entgegen, wenn man ihn etwa wie folgt einleiten wollte: ,,Der Reitlehrer ist verpflichtet, seine ganze Arbeitskraft uneingeschränkt und pflichtbewußt, höflich und entgegenkommend sowie hilfsbereit jederzeit und jedermann gegenüber als Repräsentant des Arbeitgebers einzusetzen. Er hat bei Verrichtung seiner Obliegenheiten die Sorgfalt eines ordentlichen gerechtdenkenden Menschen stets und allezeit zu beweisen und keinen Unterschied im Umgang mit Reitern, Begleitpersonen oder Pferden zu machen."

Mit dem nachfolgenden Vertragsentwurf ist der Versuch gemacht worden, veraltete Mustertexte zu ersetzen; mit nüchternen Worten soll das Wesentliche gesagt sein in Anpassung an die heutige Zeit, die zum Teil auch von der Arbeitsmarktlage geprägt ist.

(Muster-)Reitlehreranstellungsvertrag

zwischen ....
Name, Adresse, Tel.
– im folgenden „Arbeitgeber" genannt –

und Herrn/Frau/Frl. ....
Name, Adresse, Tel.
– im folgenden „Reitlehrer" genannt –

§ 1 Vertragsdauer

Der Reitlehrer tritt mit Wirkung vom .... als Angestellter in die Dienste des Arbeitgebers. Das Dienstverhältnis wird – nach bestandener Probezeit von .... Wochen – auf unbestimmte Zeit – auf bestimmte Zeit vereinbart. Es beginnt am .... und endet am ....
(Nichtzutreffendes streichen)

§ 2 Kündigung

Das Dienstverhältnis kann, soweit nichts anderes vereinbart, mit einer Frist von .... (mindestens jedoch sechs) Wochen vor Quartalsende zum darauffolgenden Quartalsschluß schriftlich gekündigt werden. Im übrigen gelten die gesetzlichen Bestimmungen.
Als wichtiger Grund für eine fristlose Kündigung wird von seiten des Arbeitgebers insbesondere folgendes Verhalten des Reitlehrers angesehen:
1. Grobe oder mehrfache Verstöße gegen Bestimmungen dieses Vertrags,
2. Vermögensverfall des Reitlehrers,
3. Handlungen, die eindeutig gegen Interessen des Arbeitgebers verstoßen,
4. Begehen strafbarer Handlungen oder rechtskräftige Verurteilung wegen eines Verbrechens oder Vergehens gegen Leib und Leben.

§ 3 Pflichten des Reitlehrers

1. Die tägliche / wöchentliche / monatliche Arbeitszeit wird festgelegt auf .... Stunden und gliedert sich in:
   a) .... Stunden als Unterrichtender
   b) .... Stunden als Ausbilder von Pferden
   c) .... Stunden im Stall
   d) .... Stunden für kaufmännische Betriebsführung
   e) .... Stunden sonstige Pflichten

2. Die sonstigen Pflichten bestimmen sich wie folgt:
   a) Der Reitlehrer stellt seine volle Arbeitskraft ausschließlich dem Betrieb des Arbeitgebers zur Verfügung. Nebenbeschäftigungen bedürfen der Genehmigung durch den Arbeitgeber.

   b) ....

§ 4 Rechte des Reitlehrers

Der Reitlehrer erhält ein monatliches Bruttogehalt in Höhe von DM ...., von dem die gesetzlichen Abzüge einbehalten werden. Das Gehalt setzt sich wie folgt zusammen:
1. Festbetrag in Höhe von brutto DM ....

- Zuschlag für Pferdepflege und Putzarbeiten in Höhe von brutto
  DM ....
- Treueprämie in Höhe von brutto
  DM ....
- Eine Reitstunden-Provision in Höhe von
  DM ....
  brutto für jede abgehaltene Reitstunde bis zu/ab .... Reitstunden monatlich und von DM .... brutto für alle darüber hinaus gehenden Reitstunden
- Sonstige Leistungen des Arbeitgebers:
  ....
  ....
  ....
  (z. B. freie Unterkunft und Verpflegung, freie Pferdehaltung, Übernahme der Versicherungen, Beihilfe für Reitbekleidung).

§ 5 Urlaubsregelung

Der jährlich zusammenhängende Erholungsurlaub des Reitlehrers beträgt je Urlaubsjahr .... Arbeitstage (einschließlich .... Samstage). Die Höhe des monatlichen Bruttogehalts während des Urlaubs bemißt sich hinsichtlich der Provisionen und sonstigen Leistungen nach dem durchschnittlichen Verdienst der vorausgegangenen 6 Monate.

§ 6 Weisungsbefugnis

Der Reitlehrer darf Weisungen des Arbeitgebers ausschließlich von Herrn .... (Amtsbezeichnung: ....) bzw. dessen Stellvertreter, Herrn .... (.............................) oder von .... entgegennehmen. Andere Personen sind nicht befugt, dem Reitlehrer Weisungen zu erteilen.
Der Reitlehrer ist verpflichtet, alle betrieblichen Belange ausschließlich mit den oben angegebenen Weisungsbefugten zu regeln.

§ 7 Zusatzvereinbarungen

....
....
....

§ 8 Schlußbestimmungen

Soweit irgendwelche Bestimmungen dieses Vertrags nicht im Einklang mit den Vorschriften der jeweils geltenden Gesetze, Verordnungen, Tarifverträge oder sonstigen arbeitsrechtlichen Bestimmungen stehen sollten, treten diese Vorschriften an ihre Stelle.

Änderungen und Ergänzungen dieses Vertrags müssen schriftlich erfolgen.

Ort: ....
Datum: .... 19..........

Unterschrift (Arbeitgeber) ....
Unterschrift (Reitlehrer) ....

Verantwortlichkeitsbereich des unterstellten Reitlehrers

Frage:

Bis vor kurzem war ich als Reitlehrerin für alle organisatorischen Belange in der Reitanlage allein verantwortlich. Jetzt setzte der Vereinsvorstand einen Geschäftsführer ein, dem ich unterstellt bin. Da dieser weder in reiterlicher und unterrichts-technischer Hinsicht kompetent ist, noch die nötige Erfahrung, Praxis und den entsprechenden Einblick in laufende organisatorische Dinge, wie Einteilung der Pferde, Stundenbelegung usw. mitbringt, kommt es mir im wesentlichen auf zwei Fragen an:

1. Geht in diesem Fall die Verantwortlichkeit automatisch voll auf den Geschäftsführer über, insbesondere was Unfälle angeht, die nicht auf die Unterrichtserteilung selbst zurückzuführen sind oder bei Unfällen, die sich ereignen in Unterrichtsstunden, die er beaufsichtigt und die von jugendlichen fortgeschrittenen Reitern gegeben werden?

   An meinem freien Tag habe ich nur Jugendliche, für die ich die Verantwortung übernehme, und meinen Lehrling (im 2. Ausbildungsjahr) zum Unterricht herangezogen. Der Geschäftsführer aber hat nun Jugendliche mit der Unterrichtserteilung betraut, die meiner Meinung nach noch nicht weit genug sind, um ohne Aufsicht zu unterrichten. Wie bin ich in diesem Fall abgesichert?

2. Wie kann ich mich weiterhin selbst absichern, um nicht für Dinge, für die ich in meiner Handlungsfreiheit eingeschränkt worden bin, verantwortlich gemacht zu werden?

Antwort:

Alleinverantwortung des Geschäftsführers

1. Ist in einem Reitbetrieb ein Geschäftsführer eingesetzt, so ist er in vollem Umfang verantwortlich für alles, was im Stall und in der Reitbahn geschieht. Er haftet für Unfälle oder sonstige Schadenersatzansprüche, die sich in irgendeiner Weise auf seine Anordnungen zurückführen lassen. Ein dem Geschäftsführer unterstellter Reitlehrer haftet in diesem Zusammenhang nur für das Verschulden, das er sich gesondert neben dem Verschulden des Geschäftsführers zurechnen lassen muß, wenn er aus eigener Initiative oder entgegen der Anordnung des Geschäftsführers handelt.

2. Wenn der Geschäftsführer gegen den fachlichen Rat des Reitlehrers z. B. Jugendliche mit Hilfsreitlehreraufgaben betraut, die dieser Aufgabe nicht gewachsen sind, dann ist allein der Geschäftsführer für alle Folgen verantwortlich.

Ich rate Ihnen daher, sich in der Weise abzusichern, daß Sie schriftlich beim Vorsitzenden hinterlegen, daß diese und jene Maßnahmen gegen ihren fachlichen Rat durchgeführt werden und Sie daher eine Verantwortung für die Maßnahmen nicht übernehmen.   *schriftliche Absicherung*

Übrigens sollten Jugendliche grundsätzlich niemals ohne Aufsicht von Fachleuten als Hilfsreitlehrer tätig werden und auch dann nur, wenn die sichere Gewähr dafür gegeben ist, daß der Jugendliche aufgrund seines Könnens, seiner Erfahrung und Reife mit einer solchen Aufgabe betraut werden kann.

Schadenersatzansprüche eines Bereiterlehrlings

Die Abgrenzung der rechtlichen Anspruchsgrundlagen bei Arbeitsunfällen

Obwohl Reitunfälle schon aus allgemein rechtlicher Sicht vielfältige Fragen aufwerfen können, ergeben sich zusätzliche Probleme, wenn sie sich im Zusammenhang mit der Berufsausübung ereignen. Diese juristischen Besonderheiten, die aus dem Verhältnis von Sozialversicherungs- und allgemeinem Schadenersatzrecht resultieren, werden am „Arbeitsunfall" eines jungen Menschen aufgezeigt, der erst lernen soll, mit Pferden umzugehen.

Tatbestand

Der Geschädigte ist Bereiterlehrling bei einem Gestütsinhaber. Ein Privatmann hat dort sein Rennpferd „XX" zum Weidegang gegeben.

Zur Zeit des Unfalls war das Gestüt im ganzen mit neun Renn- und vier Reitpferden belegt. Die Reitpferde und zwei Rennpferde gehörten dem Gestüt. Verantwortlich für die Betreuung der Rennpferde war ein Trainer, der mit dem eigentlichen Lehrgestüt nichts zu tun hatte. Um Pflegepersonal einzusparen, mußten die zwei Lehrlinge des Gestüts auf Anordnung des Lehrherrn die Betreuung der Rennpferde aus dem Trainerbetrieb teilweise mitübernehmen.

Anläßlich dieser Betreuung brachte der Lehrling täglich mehrere der fremden Pensionspferde zugleich in die Ställe. Diese Arbeit mußte von den Lehrlingen ohne Aufsicht ausgeführt werden, weil anderes Personal fehlte. Hierbei erlitt der Lehrling einen Hufschlag; es kam zu einem mehrfachen Bruch der Stirnhöhlenwand und zu einer Hirnsubstanzschädigung mit jetzt deutlicher Hirnleistungsschwäche.

Das Pferd des Privatmannes, das den Unfall verursachte, hatte bereits früher unberechenbar nach Menschen ausgekeilt, was ihm und dem Trainer bekannt war. Der Eigentümer wollte das Pferd „bis auf mündlichen Abruf" auf dem Gestüt belassen. In unregelmäßigen Zeitabständen wurde es vom Trainer gearbeitet. Zur Zeit des Unfales hatte das Tier eine Rennpause und wurde deswegen auf dem Gestüt untergestellt, wo es täglich auf die Weide gelassen wurde. Nach dem Unfall wurde es wieder bei Rennen eingesetzt. Der Gewinn aus diesen Rennen ging dem Eigentümer zu.

Die Haltung und Betreuung der Rennpferde oblagen dem Trainer. Für die ihm nicht gehörenden Pferde bekam er Pensionsgeld. Das von dem Trainer betriebene Pferdepensionsunternehmen gehörte nicht zu dem eigentlichen Lehrgestüt, sondern war ein von dem Lehrgestüt unabhängiges Unternehmen. Gegenüber den Lehrlingen war der Trainer nicht weisungsbefugt oder Lehrgehilfe. Selbst die Anweisungen, die Rennpferde zu betreuen, bekamen die Lehrlinge von dem Lehrmeister, dem Inhaber des Gestüts.

Rechtliche Anspruchsgrundlagen

Gegenüber dem Lehrherrn und Arbeitgeber sind Ansprüche des geschädigten Lehrlings grundsätzlich nur in Betracht zu ziehen, wenn kein Arbeitsunfall vorliegt. Bei Berufsunfällen ist nämlich die persönliche Haftung des Arbeitgebers für Personenschäden weitgehend ausgeschlossen (§ 636 Abs. 1 Satz 1 Reichsversicherungsordnung – RVO). Statt dessen greift bei Arbeitsunfällen die gesetzliche Unfallversicherung ein (§ 547 RVO).

Arbeitsunfall?

Der Begriff des Arbeitsunfalls umfaßt praktisch jede Tätigkeit, die mit dem Arbeitsverhältnis zusammenhängt. Der Lehrling hatte indessen sowohl Pferde zu betreuen, die zum Lehrgestüt gehörten, wie auch Tiere zu versorgen, die anderweitig in Pension gegeben waren. Damit hatte er grundsätzlich Verrichtungen auszuführen, die betrieblichen und außerbetrieblichen Interessen dienten. Arbeiten, die sowohl dem Interesse des (Lehr-)Betriebs als auch sonstigen unternehmensfremden Belangen dienen und sich nicht eindeutig in einen betriebsbedingten und einen unternehmensfremden Teil aufgliedern lassen, stehen als gemischte Tätigkeiten nur dann unter Unfallversicherungsschutz, wenn sie dem Betrieb wesentlich dienen; sie brauchen ihm nicht überwiegend zu dienen, dürfen aber auch nicht nur Nebenzweck sein.

gemischte Tätigkeit

Als der Lehrling jedoch das Pferd „XX" zusammen mit anderen fremden Pensionspferden in den Stall brachte, wurde er eindeutig für Zwecke des fremden Trainerbetriebs tätig. Da diese Verrichtung offensichtlich mit dem Lehrgestüt nichts zu tun hatte – die dort vorhandenen Pferde wären im übrigen völlig ausreichend gewesen, um den Zweck des Lehrvertrags zu erfüllen – war der Unfall, den er erlitt, kein Arbeitsunfall.

Die Ansprüche des jungen Mannes, die somit allgemeinem Schadenersatzrecht folgen, ergeben sich zunächst aus positiver Forderungsverletzung. Zwischen ihm und dem Gestütsherrn war ein Lehr-

positive Forderungsverletzung

vertrag geschlossen worden. Dieser Lehrvertrag verpflichtete den Lehrherrn zu besonderer Sorgfalt und Fürsorge. Er war gehalten das Vertragsverhältnis so auszugestalten, daß eine Gefährdung oder Verletzung seines Vertragspartners ausgeschlossen war. Dadurch, daß der Lehrherr dem Geschädigten Anweisung gab, die Rennpferde mitzubetreuen, hat er gegen seine Sorgfaltspflichten verstoßen. Die Lehrlinge waren lediglich verpflichtet, die zum Lehrgestüt gehörigen Pferde zu betreuen. Ein Verstoß gegen die dem Lehrherrn obliegenden Sorgfaltspflichten liegt auch schon in der Zahl der durch die Lehrlinge zu betreuenden Pferde. Nach den einschlägigen Ausbildungsvorschriften über die Durchführung der Bereiterlehre dürfen die Bereiterlehrlinge im allgemeinen täglich nur mit der Pflege von nicht mehr als sechs Pferden beauftragt werden.

Pflichtverstoß

Ein Anspruch gegen den Lehrherrn ergibt sich weiter aus § 823 Abs. 1 Bürgerliches Gesetzbuch (BGB). Dieser hat durch sein Verhalten seine allgemeine Aufsichtspflicht verletzt. Zu den Aufgaben des Gestütsleiters gehört es auch, den Betrieb auf dem Gestüt so zu organisieren, daß eine Gefährdung Dritter vermieden wird. Dadurch, daß er zuließ, daß seine Lehrlinge unbeaufsichtigt mehrere der fremden Pensionspferde gleichzeitig von der Weide trieben, hat er eine Gefahrenlage geschaffen. Daß eine große Gefährdung in einem solchen Verhalten lag, hat sich im vorliegenden Falle gezeigt. Der Gestütsinhaber hat es versäumt, die gegen eine Verletzung erforderlichen Sicherheitsvorkehrungen zu treffen. Dazu war er verpflichtet, und dies war ihm auch möglich. Es liegt hier also ein Fall des sogenannten Organisationsmangels vor, der ihn gemäß § 823 Abs. 1 BGB zum Schadenersatz verpflichtet.

Organisationsmangel

Der Anspruch gegen den Lehrherrn läßt sich auch auf § 823 Abs. 2 BGB in Verbindung mit § 230 Strafgesetzbuch (StGB) stützen. Durch die Fahrlässigkeit des Gestütsherrn ist der Lehrling erheblich in seiner Gesundheit verletzt worden. Durch den Lehrvertrag war der Lehrherr verpflichtet, von dem Geschädigten alle Tätigkeiten fernzuhalten, die nicht zur Erfüllung der vertraglichen Pflichten aus dem Lehrvertrag dienten. Die Anweisung an den Lehrling, auch betriebsfremde Pferde zu versorgen, stellt einen Verstoß gegen seine Rechtspflicht dar. Dieser Verstoß hat auch den entstandenen Körperschaden verursacht.

fahrlässige Körperverletzung

Der Geschädigte hat ferner gegen den Trainer als Tierhüter einen Anspruch aus § 834 BGB. Zwischen dem Eigentümer und dem Trainer ist ein Verwahrungsvertrag über das Unfallpferd geschlossen worden. Der Trainer hat nicht auf Anweisung des Eigentümers gehandelt, sondern ihm war die selbständige Führung der Aufsicht über das Tier übertragen. Er haftet daher als Tierhüter ebenfalls, da er genau wie der Lehrherr bei seiner Aufsichtsführung die erforder-

Tierhüterhaftung

iche Sorgfalt verletzt hat und anderenfalls der Schaden nicht entstanden wäre (§ 834 Satz 2 BGB).

Der Anspruch gegen den privaten Pferdebesitzer ergibt sich aus § 833 Satz 1 BGB. Hingegen ist die Entlastungsmöglichkeit aus § 833 Satz 2 BGB im vorliegenden Fall nicht anwendbar, da das Rennpferd „XX" ein Luxuspferd ist. Der Eigentümer des Pferdes ist hier auch der Halter des Tieres.

Tierhalterhaftung

Entscheidend für die Haltereigenschaft sind die tatsächlichen Verhältnisse im Hinblick auf das Verwendungsinteresse (zum Begriff des Tierhalters vergl. ausführlich die Anfangsbeiträge in Buch 3 „Pferdezucht und -haltung ohne Risiko"). Der Eigentümer hat über die Verwahrung des Pferdes einen Vertrag geschlossen. Der Verwahrungsvertrag sollte auf „Abruf" beendet werden. Eine Nutzung des Pferdes durch das Gestüt sollte nicht erfolgen. Das Pferd sollte lediglich trainiert werden, damit es die Form nicht verlor. Damit blieb aber der Eigentümer Halter; denn der Verwahrungsvertrag vermag die Haltereigenschaft nicht zu beseitigen, da das Interesse an der Verwendung des Tieres weiterhin beim Eigentümer lag.

Tierhalter

Verwendungsinteresse

Dem Lehrling stehen demnach Schadenersatz und Schmerzensgeldansprüche gegenüber seinem Lehrherrn, dem Trainer als Tierhüter und dem Eigentümer des Pferdes als dessen Halter zu (positive Vertragsverletzung, §§ 823 Abs. 1 und 2 in Verb. mit § 230 StGB, 833 Satz 1, 834, 249, 847 BGB). Diese drei für den Unfall Verantwortlichen haften dem Geschädigten als Gesamtschuldner (§ 840 Abs. 1 BGB), so daß er sich aussuchen kann, ob er einen, zwei oder alle drei auf Ersatz seines Schadens und Zahlung eines Schmerzensgeldes in Anspruch nehmen will.

gesamtschuldnerische Haftung

Exkurs: Arbeitsunfall

Um die zu Eingang des rechtlichen Teils erwähnte Einwirkung des Sozialversicherungsrechts auf die allgemeinen Schadenersatzansprüche bei Arbeitsunfällen noch kurz darstellen zu können, wird im folgenden unterstellt, daß es sich um einen Arbeitsunfall gehandelt hat.

In diesem Fall sind Ansprüche des Lehrlings gegenüber dem Lehrherrn ausgeschlossen, da der Arbeitgeber für Personenschäden eines Arbeitnehmers, die bei einem durch eine betriebliche Tätigkeit verursachten Arbeitsunfall entstehen, nur bei vorsätzlicher Herbeiführung haftet (§ 636 Abs. 1 Satz 1 RVO). Statt dessen gewährt nach Eintritt eines Arbeitsunfalls die Berufsgenossenschaft als Träger der Unfallversicherung Leistungen insbesondere für Heilbehandlung und Verletztenrente (§ 547 RVO).

Dieser sozialversicherungsrechtliche Haftungsausschluß zugunsten des Arbeitgebers betrifft alle Ersatzansprüche des verletzten Lehrlings für den Personenschaden – und zwar sowohl aus Vertrag wie Delikt als auch Gefährdungshaftung, einschließlich des Schmerzensgeldanspruchs.

kein Schmerzensgeld

Unberührt von der arbeitsrechtlichen Sonderregelung bleiben jedoch die Ansprüche des Verunglückten gegen den Trainer als Tierhüter und den Eigentümer als Halter des Pferdes. Sie haften ihm gesamtschuldnerisch insbesondere auf Zahlung eines angemessenen Schmerzensgeldes (§§ 833, 834, 249, 847, 840 Abs. 1 BGB).

Berufsrisiko plus Reiterpech

Leben Berufsreiter doppelt gefährlich?

Für Berufsreiter ist es eine alltägliche Aufgabe, fremde Pferde auf Turnieren vorzustellen. Stößt ihnen hierbei durch das Pferd ein Unfall zu, taucht die Frage auf, ob sie für die damit verbundenen Schäden nicht im Rahmen unvermeidlichen Reiterpechs allein aufzukommen hätten. Anhand des schweren Turnierunfalls einer jungen Bereiterin mit seinen weitreichenden Folgen ist jedoch zu prüfen, ob man nicht für die bei der reiterlichen Berufsausübung zu tragenden Risiken Grenzen finden muß.

Sachverhalt

Am ... fand in der Reitschule X ein internes Vergleichsturnier umliegender Reitvereine statt. Beim L-Springen kam der achtjährige Rappwallach „Prinz", geritten von der in der veranstaltenden Reitschule tätigen Bereiterin, innerhalb einer einfachen Kombination plötzlich ohne ersichtlichen Grund ins Stolpern. Im Sturz klemmte er seine Reiterin so unglücklich zwischen sich und der Bande ein, daß sie bei seinen wilden Aufstehversuchen von mehreren Hufschlägen am Kopf und im Gesicht getroffen wurde.

Springunfall

Das Mädchen erlitt u. a. mehrere Unterkiefertrümmerbrüche sowie starke Gesichtsverletzungen. Im Zusammenhang mit der monatelangen Kiefer- und Gesichtsbehandlung hatte sie äußerst unangenehme Schmerzen zu ertragen. Selbst bei vollständiger Ausheilung werden im Gesicht entstellende Narbenspuren sichtbar bleiben. Aufgrund der langen Behandlungs- und Genesungszeit konnte sie erst entsprechend später ihre kurz bevorstehende Reitlehrerprüfung ablegen und mit großem Zeitverlust eine ihr bereits zugesagte Stelle als Reitlehrerin antreten.

Anspruchsgrundlagen

Für die Schadenersatzansprüche der Verunglückten ist zu berücksichtigen, daß ihre gesamte Turnierteilnahme zu ihrer praktischen Berufsausbildung gehörte, so daß ein Arbeitsunfall vorlag, bei dem für alle Personen- und Körperschäden, insbesondere die Kosten der

Berufs-unfall

Heilbehandlung, die Berufsgenossenschaft aufzukommen hat (§ 547 Reichsversicherungsordnung – RVO). Damit sind zugleich etwaige weitergehende Ansprüche auf Ersatz sonstiger materieller und immaterieller Schadensfolgen gegenüber dem Lehrherrn ausgeschlossen, da dieser als Arbeitgeber praktisch nur bei vorsätzlich herbeigeführten Berufsunfällen haftet (§ 636 Abs. 1 Satz 1 RVO; zur allgemeinen Rechtslage bei Arbeitsunfällen siehe zuvor „Schadenersatzansprüche eines Bereiterlehrlings").

Tierhalter-haftung

Soweit allerdings die Leistungen aus der gesetzlichen Unfallversicherung die zusätzlichen Schäden des Mädchens vor allem infolge der Beeinträchtigungen im beruflichen Fortkommen und im allgemeinen Aussehen nicht abdecken, sind Ansprüche gegen den Halter des Pferdes gemäß §§ 833 Satz 1, 249, 847 Bürgerliches Gesetzbuch (BGB) in Betracht zu ziehen. Nach diesen Vorschriften hat der Halter eines Pferdes, das ihm nicht zum Erwerbe dient, für jeden durch das Tier verursachten Schaden materieller und ideeller Art einzustehen.

Obwohl diese tatbestandlichen Voraussetzungen des § 833 Satz 1 BGB hier dem Wortlaut nach erfüllt sind, meinte der Halter des Wallachs keinen Schadenersatz leisten zu müssen: Das Mädchen habe sich ohne soziale Notwendigkeit zum Springen mit seinem Pferd bereitgefunden; im übrigen seien solche Unfälle für sie als Berufsreiterin eben Pech, das sie als typisches Berufsrisiko in Kauf zu nehmen hätte.

Schutzzweck

Der erste Einwand wäre jedoch nur stichhaltig, wenn es allein als Sinn und Zweck der in § 833 Satz 1 BGB normierten strengen Gefährdungshaftung eines Tierhalters anzusehen wäre, lediglich demjenigen Ausgleichsansprüche zu gewähren, der zwangsläufig in den Gefahrenkreis eines Pferdes gerät und dabei durch das Tier zu Schaden kommt.

Schutz-bereich

Dem ist jedoch entgegenzuhalten, daß der gesetzgeberische Schutzgedanke der strengen Haftung für Luxustiere vielmehr darin zu sehen ist, daß derjenige, der im eigenen Interesse mit der Pferdehaltung eine Gefahrenquelle schafft, für die Verletzungen anderer einzustehen hat, die trotz aller Sorgfalt bei Tieren nun einmal nicht zu vermeiden sind. Deswegen soll nur derjenige Reiter das Risiko von Verletzungen allein zu tragen haben, der die unmittelbare Einwirkungsmöglichkeit über das Pferd vorwiegend im eigenen Interesse und in Kenntnis der hiermit verbundenen besonderen Tiergefahr übernimmt (Diese Umgrenzung des Schutzbereichs der Tierhalterhaftung ist im früheren Beitrag „Reiten nur noch auf eigenes Risiko?" mit Rechtsprechungsnachweis näher erläutert).

Interessenlage

Die gestürzte Reiterin war sich zwar nicht zuletzt aufgrund ihrer Berufsausbildung der besonderen Gefahren bewußt, die der Umgang mit Pferden zur Folge haben kann. Bei ihrem Ritt übte sie auch die unmittelbare Einwirkungsmöglichkeit über den Rappen aus. Sie hatte sich freilich der mit dem Springen verbundenen Unfallgefahr nicht vorwiegend in ihrem persönlichen Interesse ausgesetzt.

Den Unglückritt hatte sie im Gegenteil erst auf die ausdrückliche Bitte des Eigentümers hin unternommen, um die Springfähigkeit seines Pferdes zu fördern, dessen Turniererfahrung zu erweitern und vielleicht sogar eine Plazierung zu erzielen. Sie selbst hatte im Laufe ihrer Ausbildung genügend reiterliche Erfahrung selbst im Springsport sammeln können. Ihre diesbezüglichen reiterlichen Fähigkeiten brauchte sie nicht noch durch womöglich einen weiteren Turniererfolg unter Beweis zu stellen. Deswegen war ausschließlich der Eigentümer des Pferdes an ihrer Gefälligkeit interessiert, so daß sich ihr Ritt ohne weiteres im Schutzbereich der gesetzlichen Tierhalterhaftung hielt.

Grenzen der Zumutbarkeit

Geht man dem weiteren Einwand des Halters hinsichtlich des Berufsrisikos nach, so ist auch dieser Hinweis mit Rücksicht auf die konkrete Sachlage in Frage zu stellen. Die Reiterin hatte sich ursprünglich nämlich nur deswegen zur Meldung mit dem beim Springen höchst ungeschickten und überängstlichen Wallach bereitgefunden, weil diese Prüfung zunächst auf dem Außenplatz stattfinden sollte. Dort kam der Rappe mit einem langlinigen Außenparcours erfahrungsgemäß noch einigermaßen sicher und gut zurecht. Als nun das Springen wegen starker Regengüsse in die Halle verlegt wurde, wollte sie vorsichtshalber von einem Start absehen, da ,,Prinz" beim Springen in der Halle noch erhebliche Schwierigkeiten zeigte.

Hinzu kam, daß sie sich mittlerweile kräftemäßig wie ausgelaugt und in dieser Verfassung dem schon in der Dressur schwer zu beherrschenden Wallach nicht mehr gewachsen fühlte, nachdem sie tags zuvor bis spät abends die Pferde vorbereitet, am Turniertag selbst schon früh morgens mitgefüttert und geputzt, anschließend in Matsch und Regen mehrere Pferde für ihre Besitzer abgeritten, selbst erfolgreich an verschiedenen Dressurprüfungen teilgenommen und dazwischen ohne Pause überall ausgeholfen hatte, wo Not am Mann war. Weil ihr Lehrherr sie jedoch ausdrücklich angewiesen hatte, mit ,,Prinz" zu springen, war sie nach wenigen beim Abreiten außerhalb der Halle geglückten Probesprüngen gestartet.

Angesichts dieser vorhergehenden Ereignisse kann es nicht zum reiterlichen Berufsrisiko gehören, daß jemand schlechthin alle

Grenzen des Berufsrisikos

Schäden allein auf sich nehmen sollte – noch dazu, wenn sie durch eine besondere Anweisung des ausbildenden Dienstherrn zum beruflichen Risiko gemacht werden. Die hier zu ziehende Grenze des zumutbaren Eigenrisikos verdeutlicht am anschaulichsten der „Leinenfängerfall", über den das Reichsgericht zu einer Zeit entschied, als es noch gar keine arbeitsrechtlichen Schutzvorschriften gab:

Leinenfängerfall

Ein Kutscher hatte auf Verlangen seines Gutsherrn mit einem Gespann zu fahren, bei dem eines der Pferde bekanntermaßen ein Leinenfänger war. Als es seiner Unart entsprechend die Fahrleine mit seinem Schweif einklemmte, verlor der Kutscher die Herrschaft über die frei von jeder Leineneinwirkung durchgehenden Pferde; ein Fußgänger wurde überfahren. Die Richter am Reichsgericht verneinten ein fahrlässiges Verhalten des Kutschers. Es sei ihm nicht zuzumuten, sich eher den Weisungen seines Dienstherrn zu widersetzen und die Gefahr eines Stellungsverlustes auf sich zu nehmen, als durch das Fahren mit dem ihm zugeteilten Gespann eine Gefahr für andere zu schaffen.

Im Falle der jungen Bereiterin ist die Anweisung zu ihrem Unglücksritt zwar nicht direkt vom Halter des Pferdes, sondern ihrem Reitlehrer erteilt worden. Gleichwohl muß sich der Eigentümer von „Prinz" diesen Umstand zurechnen lassen, da er den Inhaber der Reitschule mit der Ausbildung seines Wallachs beauftragt hatte.

F a z i t : Berufsreiter mögen wohl tatsächlich im stärkeren Maße als andere Reiter der Gefahr von Reitunfällen ausgesetzt sein. Dennoch kann man sie im rechtlichen Bereich bei ihren Schadenersatzansprüchen nicht von vornherein schlechter stellen als Amateure.

Bereiterhaftung bei der Vorstellung fremder Pferde auf Turnieren

Frage:

Vor einiger Zeit habe ich einem Reitanfänger ein Pferd verkauft, mit dem dieser sehr zufrieden ist. Das Pferd und der Reiter sahen noch keinen Parcours von innen. Deshalb bat mich der Besitzer, beim nächsten Turnier mit seinem Pferd zu starten. Würde sich das Pferd verletzen oder lahm gehen, kann ich dann regreßpflichtig gemacht werden?

Antwort:

Wenn ein Reitlehrer oder Bereiter von einem Besitzer gebeten wird, dessen Pferd in einem Turnier zu starten, so liegt in diesem Auftrag stets auch der generelle Verzicht auf Schadenersatz gegen den Reiter (Reitlehrer), für den Fall, daß dem Pferd auf dem Turnier irgend etwas zustoßen sollte. Nur wenn der Reiter besonders grob fahrlässig oder gar vorsätzlich handelt und hierdurch das Pferd zu Schaden kommt, wäre er ersatzpflichtig.

Haftungsverzicht

Jede Verletzung, die ein Pferd sich normalerweise bei einem Turnierstart zuziehen kann, geht in das Risiko des Besitzers, wenn dieser den Auftrag zu einer Teilnahme an einer Pferdeleistungsprüfung gegeben hat.

Zu bedenken ist jedoch von dem Reitlehrer folgendes: Kann der Besitzer aufgrund seiner eigenen bisher mangelhaften Ausbildung und seiner noch nicht fortgeschrittenen hippologischen Kenntnisse von sich aus nicht beurteilen, ob das Pferd konditionsmäßig geeignet ist, eine bestimmte Prüfung zu absolvieren (z. B. Vielseitigkeitsprüfung), dann liegt natürlich die Verantwortung, ob gestartet wird oder nicht, bei dem Reitlehrer. Es könnte also eine grobe Fahrlässigkeit den Reitlehrer treffen, wenn dieser kritiklos einen unfachmännischen Auftrag des Besitzers befolgt, ein Pferd zu starten, das für diese bestimmte Prüfung objektiv ungeeignet ist.

Grenzen des Besitzerrisikos

M e r k e : Je unwissender der Besitzer, desto größer die Verantwortung des Ausbilders.

Urlaubsanspruch des angestellten Reitlehrers

Frage:

Als angestellter Reitlehrer war ich fast ein Jahr lang durch einen schweren Reitunfall ans Bett gefesselt. Nach Ablauf eines Jahres wurde mir gekündigt. Nun stellt sich für mich die Frage, ob ich als Reitlehrer für dieses eine Jahr, in dem ich wegen Krankheit nicht arbeiten konnte, Anspruch auf Urlaub habe.

Antwort:

Während des Jahres, in dem Sie infolge Ihres Berufsunfalls schuldlos nicht arbeiten konnten, sind sie weiterhin Angestellter geblieben. Sie haben deshalb Ihren Anspruch auf den vollen Jahresurlaub behalten.

finanzielle Abgeltung   Da allerdings nach den allgemeinen Vorschriften „der Urlaub ... im laufenden Kalenderjahr gewährt und genommen werden" muß und seine Übertragung nur bis zum 31. März des Folgejahres möglich, in Ihrem Falle dieser Zeitpunkt aber schon verstrichen ist, ist Ihnen der Urlaub finanziell abzugelten.

Versicherungsschutz

Vorsorge durch Versicherungen

In unserem technisierten und organisierten Alltags- und Freizeitleben sind die Umweltgefahren so groß geworden, daß kleine Ursachen bereits Millionenschäden zur Folge haben können. Gegen solche Normalrisiken sollte sich jeder in seinem Lebensbereich versichern.

Ein Reiter haftet nicht nur aus Verschulden (Fahrlässigkeit oder Vorsatz), sondern auch für bestimmte Schäden aus höherer Gewalt oder aufgrund der sogenannten Gefährdungshaftung (Betriebsgefahr eines Autos, Haltung von Tieren). Hierbei kommt es überhaupt nicht auf die Frage nach einem eventuellen Verschulden an.

Verschuldens- und Gefährdungshaftung

Jedermann sollte sich unbedingt gegen „Ersatzansprüche Dritter" durch eine Haftpflichtversicherung schützen. Eine solche Versicherung gewährt aber nur Schutz für eigenes Fehlverhalten. Für die artspezifische Tiergefahr muß eine **gesonderte** Tierhalterhaftpflichtversicherung abgeschlossen werden. Nur allein diese Tierhalterhaftpflichtversicherung schützt den Reiter als Tierhalter oder Tierhüter gegen Ansprüche Dritter für Personen- und Sachschäden, die sein Pferd anrichtet.

allgemeine Haftpflicht- und Tierhalterhaftpflichtversicherung

Daneben sollte jeder Reiter eine eigene Unfallversicherung eingehen. Sie bietet ein Invaliditätskapital bei dauernder Arbeitsunfähigkeit infolge Unfalls, ferner aber auch eine Hinterbliebenenversorgung bei Tod durch Unfall; außerdem Tagegeld und Heilkosten.

Unfallversicherung

Die Mitglieder eines Reitervereins sind über den Landessportbund versichert, wenn ein Unfall beim Vereinstraining eintritt. Neuerdings sind einige Landesverbände dazu übergegangen, eine Zusatzversicherung für ihre Freizeitreiter abzuschließen. In diesem Falle wären auch alle Unfälle versichert, die im individuellen Freizeitreitsport eintreten.

Landessportbundversicherung beim Vereinstraining, u. U. auch Freizeitreiten

Für Nichtmitglieder eines Vereins besteht aber kein Versicherungsschutz; sie reiten insoweit auf eigene Gefahr. Wenn jedoch dem Reitinstitut ein Verschulden nachzuweisen ist bezüglich eines Unfalls eines Nichtmitgliedes, dann hat selbstverständlich der Betreffende einen Schadenersatzanspruch gegen den Vereinsvorstand oder Reitschulinhaber. Dieser sollte seinerseits sein Haftpflichtrisiko bei einer Versicherungsgesellschaft abgedeckt haben.

Haftpflichtversicherung für Vereine und Reitschulen

Weitere Versicherungsmöglichkeiten sind: Die Tierlebensversicherungen, eine Tierkrankenkostenversicherung, Ausrüstungsversicherung, Feuerversicherung, Einbruch- u. Diebstahlversicherung und die Weideversicherung. Diese eben genannten Versicherungsarten werden näher besprochen in Band 3 der hippologischen Rechtsfibeln „Pferdezucht und -haltung ohne Risiko".

Zum Umfang der Unfallversicherung:

Frage:

Mein temperamentvoller Vollblut-Wallach hat durch unvermutetes Zurückwerfen des Kopfes meine wertvolle Brille zerschlagen. Ich selbst habe durch dieses unfallartige Geschehen kaum einen wesentlichen Körperschaden erlitten. Meine Unfallversicherung weigert sich aber, den Sachschaden von über DM 200,- auszugleichen. Wozu zahle ich regelmäßig meine Beiträge, wenn ein solcher Vorgang nicht als Unfall anerkannt wird?

Antwort:

Das unvermutete, plötzliche Kopfschlagen eines Pferdes kann durchaus als echtes Unfallgeschehen qualifiziert werden, aber nur dann, wenn hierdurch ein Körperschaden eintritt. Aus diesem Grunde hat die Versicherungsgesellschaft zu Recht mitgeteilt, daß diese Art von Schäden, nämlich Sachschäden, nicht unter die Ersatzpflicht einer Unfallversicherung fallen. Der Versicherungsschutz einer Unfallversicherung ist personengebunden und leistet finanzielle Hilfe nur bei körperlichen Schäden aus Unfällen bzw. aus deren Folgen.

Nebenbei ein reiterlicher Tip:

Schnallen Sie Ihrem Pferd ein langes Ringmartingal in die Zäumung; hierdurch werden die Folgen eines heftigen und plötzlichen Kopfschlages erheblich gedämpft, wenn nicht völlig abgefangen. Außerdem sollten Sie beachten, daß im leichten Sitz (Jagdgalopp) das Gesicht des Reiters nicht in Höhe über dem Pferdehals sein darf, sondern der Reiter muß seinen Kopf etwas seitlich über dem Mähnenkamm halten. Die Metallschnalle des Trensenkopfstückes hat schon manche Reiternase und manches Reiterkinn verschandelt.

Tabellarische Übersicht

Die Rechtsgrundlagen für Haftung und Schadenersatz für Reiter, Pferdebesitzer, Reitlehrer und Vereine

I. Tierhalter

(§ 833 Bürgerliches Gesetzbuch – BGB) ist, wer das Tier in seinem Hausstand oder Wirtschaftsbetrieb im eigenen Interesse verwendet, und zwar nicht nur vorübergehend; in der Regel also der unmittelbare Besitzer, doch bleibt z. B. bei Vermietung von Reitpferden oder bei Verwahrung des Pferdes in einem Pensionsstall der Besitzer Tierhalter. Ebenfalls können Geschäftsunfähige oder beschränkt Geschäftsfähige (Minderjährige) Tierhalter sein (Bei Diebstahl eines Pferdes besteht keine Haftung des Eigentümers, wenn während der Dauer der Besitzentziehung durch das Tier ein Schaden verursacht wird; selbstverständlich haftet dagegen der Eigentümer für sein entlaufenes Pferd, das z.B. aus der Koppel ausgebrochen ist oder seinen Reiter abgeworfen hat).

Tierhalter: Verwendungsinteresse

II. Tierhüter

(§ 834 BGB) ist derjenige, der die Führung der Aufsicht über ein Tier übernimmt (Trainer, evtl. Mieter eines Reitpferdes, nicht aber in der Regel der Pfleger). Es kommt hierbei auf das zwischen Tierhalter und Tierhüter zugrundeliegende Vertragsverhältnis an.

Tierhüter: Aufsichtsführender

Tierhalter und Tierhüter haften im Außenverhältnis, also gegenüber dem Geschädigten, als Gesamtschuldner (§ 840 BGB). Für die Haftung im Innenverhältnis ist das Vertragsverhältnis zwischen Tierhalter und Tierhüter entscheidend.

gesamtschuldnerische Hftg

III. Schadenersatz

(§§ 249 bis 254 sowie §§ 842ff und insb. 847 BGB) ist vom Tierhalter (evtl. Tierhüter) in der Regel in Geld dem Geschädigten zum Ausgleich aller materiellen Schäden und Einbußen zu leisten.

Sach- und Vermögensschaden

IV. Schmerzensgeld

(§ 847 Abs. 1 BGB) ist Ersatz eines immateriellen Schadens und bemißt sich unter Abwägung sämtlicher Umstände des Einzelfalles, z. B. Verantwortlichkeit des Schädigers am Zustandekommen des *ideeller Schaden* — Unfalls, Stärke der Schmerzen, Fraglichkeit der endgültigen Heilung, mitentscheidend aber auch die Vermögensverhältnisse des Verletzten und des Schädigers (In neuerer Zeit hat die Rechtsprechung die Höhe des Schmerzensgeldes unter anderem auch danach bemessen, ob der Schädiger eine Haftpflichtversicherung abgeschlossen hatte oder nicht).

V. Gefährdungshaftung

(§ 833 Satz 1 BGB) ist die Haftung des Tierhalters für eine sogenannte Betriebsgefahr, ohne daß ihn Vorsatz oder Fahrlässigkeit wie ansonsten zumeist als Voraussetzung für eine Haftung (Verschuldenshaftung gemäß § 276 BGB) trifft.

strenge Gefährdungshaftung — Zum Ersatz verpflichten nur Schäden aus den typischen Gefahren eines Tieres, d. h. aus dessen artspezifischen Verhalten (Beißen, Schlagen, Scheuen, Steigen usw.). Keine Haftung des Tierhalters tritt ein, wenn das Tier dem Willen seines Reiters folgt (Er reitet bei Rot über die Straße oder reitet absichtlich einen anderen an; hier trifft den Reiter die volle Haftung im Sinne des § 276 BGB in Verbindung mit § 823 BGB, Vorsatz/unerlaubte Handlung).

gelockerte Gefährdungshaftung — Die reine Gefährdungshaftung bezieht sich nur auf ein sogenanntes Luxustier. Eine Entlastungsmöglichkeit des Tierhalters eines sogenannten Nutztieres gemäß § 833 Satz 2 BGB beinhaltet eine Haftung für vermutetes Verschulden. Der Tierhalter hat hier die Möglichkeit, zu beweisen (Umkehrung der Beweislast), daß er bei der Beaufsichtigung des Tieres die erforderliche Sorgfalt beobachtet hat oder der Schaden auch bei Anwendung dieser Sorgfalt entstanden sein würde. Dies gilt jedoch nur für den Pferdeeigentümer, der das Tier zu seinem Unterhalt oder seiner Erwerbstätigkeit einsetzt (z. B. Schulpferde aus einem Verein oder Gewerbebetrieb oder Zuchtpferde).

VI. Mitwirkendes Verschulden des Verletzten

Mitverschulden — (§ 254 BGB) kann durch das spezielle fehlerhafte Verhalten des Verletzten gegeben sein und führt zu einer Schadenersatzminderung zugunsten des haftenden Reiters oder Tierhalters.

VII. Haftungsausschluß

Haftungsverzicht — kann durch Vertrag, unter Umständen auch stillschweigend, vereinbart werden. Das bedeutet, daß der Tierhalter nur für vorsätzliche Schädigungen haftet. Unter diesen Begriff fällt allerdings auch, daß der Tierhalter einem Reitanfänger bewußt ein schwieriges Pferd gibt und dabei eine Schädigung billigend in Kauf nimmt. Gegenüber Minderjährigen gilt ein vertraglicher Haftungsausschluß nur, wenn die Erziehungsberechtigten, d. h. beide Eltern diesen unterzeichnet haben. Der Minderjährige selbst kann nach geltendem Recht keine

Verträge abschließen und daher auch nicht zu seinem Nachteil rechtswirksam auf künftige Ansprüche verzichten.

(Achtung: Strengere Voraussetzungen für Wirksamkeit des Haftungsausschlusses bei Mietpferden; bei unentgeltlicher Überlassung durch Privatpferdebesitzer evtl. stillschweigender Ausschluß möglich)

VIII. Haftung aus Vertrag

(z. B. §§ 611ff. BGB) ergibt sich zwischen Reiterverein oder Reitlehrer und einem Dritten; nicht Voraussetzung ist hierfür das Erheben eines Entgelts. Die Haftung des Vereins für seinen Reitlehrer ergibt sich aus dem Einstehen für den Erfüllungsgehilfen (§ 278 BGB). Der Verletzte kann sich bei Schäden durch nicht ordnungsgemäß durchgeführten Reitunterricht daher sowohl an den Reitlehrer als auch an den Verein zwecks Schadenersatzes halten. Beide haften als Gesamtschuldner (Die Regreßansprüche des Vereins gegen den Reitlehrer bleiben im Innenverhältnis unberührt).

vertragliche Haftung

auch für Erfüllungsgehilfen

IX. Haftung aus unerlaubter Handlung

(§§ 823, 831 BGB) trifft z. B. den Verein bei Verletzung seiner Verkehrssicherungspflicht. Der Reitlehrer ist hier sogenannter Verrichtungsgehilfe; beide haften für alle Schäden, die einem Dritten außerhalb oder neben vertraglichen Beziehungen zugefügt werden (z. B. unbeteiligte Zuschauer werden beim Springtraining verletzt). Der Vereinsvorstand muß den Reitlehrer ständig überwachen, um hinsichtlich dieses Verrichtungsgehilfen den sogenannten Entlastungsbeweis führen zu können, d. h., der Verein haftet nicht für unerlaubte Handlungen seines Verrichtungsgehilfen, wenn er diesen als sonst zuverlässig ausgewählt und ordnungsgemäß überwacht hat.

deliktische Haftung

X. Aufsichtspflicht

(§ 832 BGB) führt zum Ersatz des Schadens, den eine kraft Gesetzes seiner Aufsicht unterstehende Person, die wegen Minderjährigkeit oder wegen ihres geistigen oder körperlichen Gebrechens der Aufsicht bedarf, einem Dritten widerrechtlich zufügt. Diese Haftung trifft also Eltern, Vormund sowie den Lehrherrn; nicht aber haften der Reitlehrer oder der Reitverein und seine Organe für minderjährige Reiter, da diese nicht zur Beaufsichtigung von minderjährigen Reitern auf vereinseigenem Gelände verpflichtet sind.

Aufsichtspflicht

XI. Fallbeispiele mit Kommentar:

1) Ein Reiter verliert ohne Mitwirken des Pferdes oder eines Dritten das Gleichgewicht und stürzt; der Reitunterricht war ordnungsgemäß; irgendeine sonstige Ursache für den Sturz ist nicht ersichtlich:

Hier ist der Reiter für seinen Schaden selbst verantwortlich. Die Haftung des Tierhalters ist nicht gegeben, da kein artspezifisches Verhalten des Tieres den Schaden verursacht hat. Gleichfalls haften Reitlehrer oder Verein nicht für den eingetretenen Schaden, da irgendwelche Fehlleistungen des Unterrichtenden nicht gegeben sind.

2) Wie Fall 1), jedoch geht das Pferd auf Weisung des Reitlehrers über ein Hindernis:

schuldhafte Vertragsverletzung

War das Können des Reiters noch nicht für diese Lektion geeignet und konnte und mußte ein ordentlicher Reitlehrer dies erkennen, haften er und der Verein nach §§ 611ff. BGB in Verbindung mit § 278 BGB (Der Verein hat die Möglichkeit des Regresses gegenüber Reitlehrer).

3) Wie Fall 1), jedoch bockte das Pferd, da das vorausgehende Pferd ausschlug:

Tierhalterhaftung

Eine Haftung des Tierhalters des vorausgehenden Pferdes nach § 833 BGB liegt vor; möglicherweise ist ein Mitverschulden des nachfolgenden Reiters gemäß § 254 BGB gegeben, falls der nachfolgende Reiter zu dicht aufgeritten war. Eventuell ist zusätzliches Mitverschulden des Vereins und des Reitlehrers wie bei Fall 2) gegeben, falls es der Reitlehrer unterlassen hatte, auf die Gefahren bei zu dichtem Aufreiten hinzuweisen.

4) Wie Fall 1), das Pferd bockt ohne irgendwelche Mitwirkung oder Auslösung durch Dritte:

Tierhalterhaftung

Hier haftet der Tierhalter nach § 833 BGB gegenüber dem geschädigten Reiter, falls nicht die Haftung für derartige beim Reiten nicht unübliche Vorfälle **ausdrücklich** ausgeschlossen wurde.

5) Beim Springtraining wird vom Reitlehrer ein Pferd ohne Zustimmung seines Reiters fehlerhaft mit einer langen Peitsche angetrieben und geschlagen; hierdurch kommen Pferd und Reiter zu Fall und beide verletzen sich schwer:

vertragliche und deliktische Haftung

Haftung von Verein und Reitlehrer gemäß §§ 611ff., 278 BGB aus Vertrag; daneben Haftung des Reitlehrers nach § 823 BGB wegen unerlaubter Handlung. Der Verein kann sich hier gemäß § 831 BGB exkulpieren, wenn er nachweist, daß er bei der Einstellung des Reitlehrers und seiner Überwachung die notwendige Sorgfalt beachtet hat.

6) Ein Zuschauer wird bei einer Pferdeleistungsschau infolge mangelnder Absperrung durch ein Pferd verletzt:

Der veranstaltende Verein haftet bei unzulänglicher Organisation durch das/die verantwortliche(n) Vorstandsmitglieder nach § 31 BGB wegen Verletzung seiner Pflichten aus dem Besuchervertrag und der allgemeinen Verkehrssicherungspflicht (§ 823 BGB); u. U. persönliche Haftung von Vorstandsmitgliedern, soweit sie zugleich persönlich eine unerlaubte Handlung begangen haben.   *Veranstalterhaftung*

7) Ein Minderjähriger benutzt die Reithalle der Vereins allein mit seinem eigenen Pferd, stürzt und erleidet einen Schaden:

Haftung des Vereins ist nicht gegeben, da ein Verschulden durch ihn oder seine Erfüllungs- oder Verrichtungsgehilfen nicht ersichtlich ist.   *Eigenhaftung*

8) Fall wie bei 7), das Pferd des Minderjährigen schlägt jedoch einen anderen Reiter:

Hier ist volle Haftung des Minderjährigen als Tierhalter gegeben (§ 833 BGB).

9) Auf dem Parkplatz unmittelbar vor der Reithalle demoliert ein Pferd einen PKW, und zwar in einem Anfall von Panik, als ein anderer PKW mit aufheulendem Motor startet: *Tierhalterhaftung/ Mitverschulden*

Haftung des Pferdebesitzers nach § 833 BGB, wahrscheinlich Mithaftung des rüpelhaft startenden PKW-Fahrers nach allgemeinen Verschuldensgrundsätzen, wenn er voraussehen konnte und mußte, daß durch ihn eine Paniksituation des Pferdes verursacht wird. Eventuelles Mitverschulden gemäß § 254 BGB des Parkenden, wenn sein Wagen fehlerhaft oder behindernd abgestellt war.

10) Fall wie 9), der frei umherlaufende Hund eines Vereinskollegen hat das Pferd irritiert:

Der Hundehalter haftet seinerseits nach § 833 BGB, er hat den größeren Haftungsanteil, evtl. sogar den alleinigen, wenn ihm ein Verschulden zusätzlich zu seiner Gefährdungshaftung nachgewiesen wird (z.B. bewußter Verstoß gegen ausdrücklichen Leinenzwang für Hunde auf dem Vereinsgelände).

11) Fall wie 9), das Pferd scheut aufgrund eines herabfallenden Dachziegels von der Reithalle auf dem vereinseigenen Grundstück oder gerät wegen Glatteis in Panik, weil der Hallenausritt nicht gestreut ist:

Der Verein haftet für den Schaden am PKW nach § 836 BGB als Grundstückseigentümer allein oder überwiegend neben der Tierhalterhaftung des Pferdebesitzers.

Anhang

Auszug aus dem Bürgerlichen Gesetzbuch (BGB)

§ 31 Haftung des Vereins für Organe
Der Verein ist für den Schaden verantwortlich, den der Vorstand, ein Mitglied des Vorstandes oder ein anderer verfassungsmäßig berufener Vertreter durch eine in Ausführung der ihm zustehenden Verrichtungen begangene, zum Schadensersatze verpflichtende Handlung einem Dritten zufügt.

§ 242 Leistung nach Treu und Glauben
Der Schuldner ist verpflichtet, die Leistung so zu bewirken, wie Treu und Glauben mit Rücksicht auf die Verkehrssitte es erfordern.

§ 249 Schadensersatz durch Naturalherstellung
[1]Wer zum Schadensersatze verpflichtet ist, hat den Zustand herzustellen, der bestehen würde, wenn der zum Ersatze verpflichtende Umstand nicht eingetreten wäre. [2]Ist wegen Verletzung einer Person oder wegen Beschädigung einer Sache Schadensersatz zu leisten, so kann der Gläubiger statt der Herstellung den dazu erforderlichen Geldbetrag verlangen.

§ 253 Immaterieller Schaden
Wegen eines Schadens, der nicht Vermögensschaden ist, kann Entschädigung in Geld nur in den durch das Gesetz bestimmten Fällen gefordert werden.

§ 254 Mitverschulden
(1) Hat bei der Entstehung des Schadens ein Verschulden des Beschädigten mitgewirkt, so hängt die Verpflichtung zum Ersatze sowie der Umfang des zu leistenden Ersatzes von den Umständen, insbesondere davon ab, inwieweit der Schaden vorwiegend von dem einen oder dem anderen Teile verursacht worden ist.
(2) [1]Dies gilt auch dann, wenn sich das Verschulden des Beschädigten darauf beschränkt, daß er unterlassen hat, den Schuldner auf die Gefahr eines ungewöhnlich hohen Schadens aufmerksam zu machen, die der Schuldner weder kannte noch kennen mußte, oder daß er unterlassen hat, den Schaden abzuwenden oder zu mindern. [2]Die Vorschrift des § 278 findet entsprechende Anwendung.

§ 276 Haftung für eigenes Verschulden
(1) [1]Der Schuldner hat, sofern nicht ein anderes bestimmt ist, Vorsatz und Fahrlässigkeit zu vertreten. [2]Fahrlässig handelt, wer die im Verkehr erforderliche Sorgfalt außer acht läßt.
(2) Die Haftung wegen Vorsatzes kann dem Schuldner nicht im voraus erlassen werden.

§ 277 Sorgfalt in eigenen Angelegenheiten
Wer nur für diejenige Sorgfalt einzustehen hat, welche er in eigenen Angelegenheiten anzuwenden pflegt, ist von der Haftung wegen grober Fahrlässigkeit nicht befreit.

§ 278 Verschulden des Erfüllungsgehilfen
[1]Der Schuldner hat ein Verschulden seines gesetzlichen Vertreters und der Personen, deren er sich zur Erfüllung seiner Verbindlichkeit bedient, in gleichem Umfange zu vertreten wie eigenes Verschulden. [2]Die Vorschrift des § 276 Abs. 2 findet keine Anwendung.

§ 282 Beweislast bei Unmöglichkeit
Ist streitig, ob die Unmöglichkeit der Leistung die Folge eines von dem Schuldner zu vertretenden Umstandes ist, so trifft die Beweislast den Schuldner.

§ 611 Wesen des Dienstvertrags
(1) Durch den Dienstvertrag wird derjenige, welcher Dienste zusagt, zur Leistung der versprochenen Dienste, der andere Teil zur Gewährung der vereinbarten Vergütung verpflichtet.
(2) Gegenstand des Dienstvertrags können Dienste jeder Art sein.

§ 690 Haftung bei unentgeltlicher Verwahrung
Wird die Aufbewahrung unentgeltlich übernommen, so hat der Verwahrer nur für diejenige Sorgfalt einzustehen, welche er in eigenen Angelegenheiten anzuwenden pflegt.

§ 823 Unerlaubte Handlungen
(1) Wer vorsätzlich oder fahrlässig das Leben, den Körper, die Gesundheit, die Freiheit, das Eigentum oder ein sonstiges Recht eines anderen widerrechtlich verletzt, ist dem anderen zum Ersatze des daraus entstehenden Schadens verpflichtet.
(2) ¹Die gleiche Verpflichtung trifft denjenigen, welcher gegen ein den Schutz eines anderen bezweckendes Gesetz verstößt. ²Ist nach dem Inhalte des Gesetzes ein Verstoß gegen dieses auch ohne Verschulden möglich, so tritt die Ersatzpflicht nur im Falle des Verschuldens ein.

§ 831 Haftung für den Verrichtungsgehilfen
(1) ¹Wer einen anderen zu einer Verrichtung bestellt, ist zum Ersatze des Schadens verpflichtet, den der andere in Ausführung der Verrichtung einem Dritten widerrechtlich zufügt. ²Die Ersatzpflicht tritt nicht ein, wenn der Geschäftsherr bei der Auswahl der bestellten Person und, sofern er Vorrichtungen oder Gerätschaften zu beschaffen oder die Ausführung der Verrichtung zu leiten hat, bei der Beschaffung oder der Leitung die im Verkehr erforderliche Sorgfalt beobachtet oder wenn der Schaden auch bei Anwendung dieser Sorgfalt entstanden sein würde.
(2) Die gleiche Verantwortlichkeit trifft denjenigen, welcher für den Geschäftsherrn die Besorgung eines der im Absatz 1 Satz 2 bezeichneten Geschäfte durch Vertrag übernimmt.

§ 832 Haftung des Aufsichtspflichtigen
(1) ¹Wer kraft Gesetzes zur Führung der Aufsicht über eine Person verpflichtet ist, die wegen Minderjährigkeit oder wegen ihres geistigen oder körperlichen Zustandes der Beaufsichtigung bedarf, ist zum Ersatze des Schadens verpflichtet, den diese Person einem Dritten widerrechtlich zufügt. ²Die Ersatzpflicht tritt nicht ein, wenn er seiner Aufsichtspflicht genügt oder wenn der Schaden auch bei gehöriger Aufsichtsführung entstanden sein würde.
(2) Die gleiche Verantwortlichkeit trifft denjenigen, welcher die Führung der Aufsicht durch Vertrag übernimmt.

§ 833 Haftung des Tierhalters
¹Wird durch ein Tier ein Mensch getötet oder der Körper oder die Gesundheit eines Menschen verletzt oder eine Sache beschädigt, so ist derjenige, welcher das Tier hält, verpflichtet, dem Verletzten den daraus entstehenden Schaden zu ersetzen. ²Die Ersatzpflicht tritt nicht ein, wenn der Schaden durch ein Haustier verursacht wird, das dem Berufe, der Erwerbstätigkeit oder dem Unterhalte des Tierhalters zu dienen bestimmt ist, und entweder der Tierhalter bei der Beaufsichtigung des Tieres die im Verkehr erforderliche Sorgfalt beobachtet oder der Schaden auch bei Anwendung dieser Sorgfalt entstanden sein würde.

§ 834 Haftung des Tieraufsehers
¹Wer für denjenigen, welcher ein Tier hält, die Führung der Aufsicht über das Tier durch Vertrag übernimmt, ist für den Schaden verantwortlich, den das Tier einem Dritten in der im § 833 bezeichneten Weise zufügt. ²Die Verantwortlichkeit tritt nicht ein, wenn er bei der Führung der Aufsicht die im Verkehr erforderliche Sorgfalt beobachtet oder wenn der Schaden auch bei Anwendung dieser Sorgfalt entstanden sein würde.

§ 836 Haftung bei Einsturz eines Gebäudes
(1) ¹Wird durch den Einsturz eines Gebäudes oder eines anderen mit einem Grundstücke verbundenen Werkes oder durch die Ablösung von Teilen des Gebäudes oder des Werkes ein Mensch getötet, der Körper oder die Gesundheit eines Menschen verletzt oder eine Sache beschädigt, so ist der Besitzer des Gundstücks, sofern der Einsturz oder die Ablösung die Folge fehlerhafter Errichtung oder mangelhafter Unterhaltung ist, verpflichtet, dem Verletzten den daraus entstehenden Schaden zu ersetzen. ²Die Ersatzpflicht tritt nicht ein, wenn der Besitzer zum Zwecke der Abwendung der Gefahr die im Verkehr erforderliche Sorgfalt beobachtet hat.
(2) ...
(3) Besitzer im Sinne dieser Vorschriften ist der Eigenbesitzer.

§ 840 Haftung mehrerer
(1) Sind für den aus einer unerlaubten Handlung entstehenden Schaden mehrere nebeneinander verantwortlich, so haften sie als Gesamtschuldner.
(2) Ist neben demjenigen, welcher nach den §§ 831, 832 zum Ersatze des von einem anderen verursachten Schadens verpflichtet ist, auch der andere für den Schaden verantwortlich, so ist in ihrem Verhältnisse zueinander der andere allein,

im Falle des § 829 der Aufsichtspflichtige allein verpflichtet.
(3) Ist neben demjenigen, welcher nach den §§ 833 bis 838 zum Ersatze des Schadens verpflichtet ist, ein Dritter für den Schaden verantwortlich, so ist in ihrem Verhältnisse zueinander der Dritte allein verpflichtet.

§ 842 Umfang der Ersatzpflicht bei Verletzung einer Person

Die Verpflichtung zum Schadensersatze wegen einer gegen die Person gerichteten unerlaubten Handlung erstreckt sich auf die Nachteile, welche die Handlung für den Erwerb oder das Fortkommen des Verletzten herbeiführt.

§ 847 Schmerzensgeld

(1) ¹Im Falle der Verletzung des Körpers oder der Gesundheit sowie im Falle der Freiheitsentziehung kann der Verletzte auch wegen des Schadens, der nicht Vermögensschaden ist, eine billige Entschädigung in Geld verlangen. ²Der Anspruch ist nicht übertragbar und geht nicht auf die Erben über, es sei denn, daß er durch Vertrag anerkannt oder daß er rechtshängig geworden ist.
(2) ...

Auszug aus der Reichsversicherungsordnung (RVO)

§ 547 Leistungen nach Eintritt des Arbeitsunfalls

Nach Eintritt des Arbeitsunfalls gewährt der Träger der Unfallversicherung nach Maßgabe der folgenden Vorschriften an Leistungen insbesondere
Heilbehandlung,
...
Verletztenrente,
...
Rente an Hinterbliebene.

§ 636 Beschränkung der Schadenersatzpflicht des Unternehmers

(1) ¹Der Unternehmer ist den in seinem Unternehmen tätigen Versicherten, deren Angehörigen und Hinterbliebenen, auch wenn sie keinen Anspruch auf Rente haben, nach anderen gesetzlichen Vorschriften zum Ersatz des Personenschadens, den ein Arbeitsunfall verursacht hat, nur dann verpflichtet, wenn er den Arbeitsunfall vorsätzlich herbeigeführt hat oder wenn der Arbeitsunfall bei der Teilnahme am allgemeinen Verkehr eingetreten ist. ...

Auszug aus dem Strafgesetzbuch (StGB)

§ 230 Fahrlässige Körperverletzung

Wer durch Fahrlässigkeit die Körperverletzung eines anderen verursacht, wird mit Freiheitsstrafe bis zu drei Jahren oder mit Geldstrafe bestraft.

Auszug aus der Straßenverkehrsordnung (StVO)

§ 1 Grundregeln

(1) Die Teilnahme am Straßenverkehr erfordert ständige Vorsicht und gegenseitige Rücksicht.
(2) Jeder Verkehrsteilnehmer hat sich so zu verhalten, daß kein Anderer geschädigt, gefährdet oder mehr, als nach den Umständen unvermeidbar, behindert oder belästigt wird.

Stichwortverzeichnis

A

Abteilungsunterricht
s. *Reitunterricht*
allgemeine Deliktshaftung
s. *gesetzliche Haftung*
Amateurreitlehrer
s. *Reitlehrer*
Anspruchsgrundlagen
– Arbeitsunfall 10 f, **90 ff**, 95 f
– Reitunfall 10 f
  s. *auch dort*
Anstellungsvertrag
– Reitlehrer 84 ff
Arbeitgeber
– allgemeine Aufsichtspflicht 92
– Haftung(sausschluß) bei Arbeitsunfall **91 ff**, 96
– Haftung für Organisationsmangel 92
Arbeitsunfall
– Begriff 91
– Haftung(sausschluß) des Arbeitgebers 91, 93, 96, 111
– Leistungen der Berufsgenossenschaft 10 f, 93, 95 f, 111
– Schadenersatzansprüche 10 f, **90 ff**, 95 f
Aufsichtspflicht
– Arbeitgeber 92, 105
– Haftung der Erziehungsberechtigten 105, 110
Ausbildungs- und Prüfungsordnung (APO)
– der Deutschen Reiterlichen Vereinigung 81 f
Ausritt
– Verantwortlichkeit bei Gruppenausritt 62 ff

B

Baden-Württemberg
– Reiten im Walde 60
Bayern
– Reiten im Walde 60
Bereiter(lehrling)
s. *Reitlehrer*
Berufsreiter, Berufsreitlehrer
s. *Reitlehrer*
Berufsunfall
s. *Arbeitsunfall*
Beweislast(verteilung)
s. *auch Entlastungsbeweis*
– Obhutsvertrag 64, 109

– regelwidrige Reitsportausübung 29 f
Bundeswaldgesetz
– Reiten im Walde (§ 14) 57 ff
– Anpassungspflicht der Länder 58 ff
– vorrangiges Rahmenrecht 58 ff
Bürgerliches Gesetzbuch
– Auszug 109 ff

D

Deliktshaftung
s. *gesetzliche Haftung*
Deutsche Reiterliche Vereinigung (FN)
– Abt. Sport, Ref. Ausbildung 82
– Ausbildungs- und Prüfungsordnung 81 f
Deutscher Reiter- und Fahrerverband (DRFV) 81 f
Dienstvertrag 109
s. *auch vertragliche Haftung*
„Diplom-Reitlehrer"
s. *Reitlehrer (Berufsbezeichnung)*

E

Einwilligung
– in Verletzungen beim Reiterwettkampf 28 f
Entlastungsbeweis, Entlastungsmöglichkeit
– Tierhalter 13, 43 ff, 104, 110
– Tierhüter 110
– Verrichtungsgehilfe 105 ff, 110
Erfüllungsgehilfe
– Haftung des erfahrensten Reiters beim Gruppenausritt 64
– Haftung des Vereins für Reitlehrer 39, 41, 105, 109
Exkulpation(sbeweis)
s. *Entlastungsbeweis*

F

Fachgruppe Berufsreiter und -fahrer im DRFV 81 f
Fahrlässigkeit
s. *auch Verschuldenshaftung*
– Begriff 109
Folgeschäden 9 f
– regelgerechter Reitsportausübung 29
Freistellungsrevers
– Gefälligkeitsritt 33 f
Freizeichnung(srevers)
s. *auch Haftungsausschluß*
– Gefälligkeitsritt 33 f
Freizeitreiten
Versicherung für Vereinsmitglieder 101

G

Gefährdungshaftung
s. *Tierhalterhaftung*
Gefälligkeitsritt, Gefälligkeitsverhältnis
- Freizeichnungs- und Freistellungsrevers 33 f
- keine vertragliche Haftung bei Reitunterricht 41
- Haftung aus unerlaubter Handlung 33 f, 42
- Tierhalterhaftung 14 ff, 33 f, 51

Gehilfenhaftung
s. *Erfüllungs-, Verrichtungsgehilfe*
gemischte Tätigkeit
- Begriff 11, 91
- Arbeitgeberhaftung 11, **91 ff**
- Unfallversicherungsschutz 11, **91 ff**

gesamtschuldnerische Haftung
- Arbeitsunfall 93 f
- Tierhalter und Reiter 52
  - Ausgleich im Innenverhältnis 52, 110
- Turnierteilnehmer und -veranstalter 77
  - Ausgleich im Innenverhältnis 77, 110
- Verein und Reitlehrer 105, 110

Geschäftsführer
- Alleinverantwortlichkeit 88 f

gesetzliche Haftung 10, 66, 109 f
s. *auch Haftpflichtversicherung, Schadenersatz, Tierhalterhaftung*
- Arbeitgeber 92
- (Gruppen-)Ausritt 63 ff
  - Beweislast des Geschädigten 64 f
- Einzelreiter (beim Ausritt) 52, 61
- Reiter und Tierhalter im Straßenverkehr 53 f
- Reitunterricht (Verein, Reitlehrer) 38 f, 40 ff, 105 ff
- Turnierteilnehmer und -veranstalter 75 ff, 78 f
- Verein
  - als Grundstückseigentümer 107 f
  - Pferdesportveranstaltungen 107
- Vereinsvorstand, -organ 107

Gesundheitsschäden
- beim Reitunterricht 35 ff

H

Haftpflicht, Haftung
s. *gesetzliche, vertragliche Haftung, Schadenersatz, Tierhalterhaftung*
Haftpflichtversicherung
- für allgemeine gesetzliche Haftpflicht 33, 101
- Reitlehrer, –schule, –verein 39, 42, 101

- Tierhalter
s. *Tierhalterhaftpflichtversicherung*
- Turnierveranstalter 69

Haftungsausschluß, -freistellung, -verzicht 104
- allgemeine Grenze 47, 50, 109
- Gefälligkeit **33 f**, 41, 51, 105
- Mustervereinbarung 33 f, 49 f
s. *auch Freizeichnungs-, Freistellungsrevers*
- nicht zu Lasten Dritter 52
- nicht unter Reitbahnbenutzern 22
- bei regelgerechter Reitsportausübung 27 ff
- Reitunterricht 39, 47, **49 f**
- Vorstellung fremder Pferde auf Turnieren 99

Halter
s. *Tierhalter*
Handeln auf eigene Gefahr
s. *auch Mitverschulden*
- Ausritt 61
- Reiten, Reitunterricht **23 ff**, 43 ff, 48

Hessen
- Reiten im Walde 60

I

ideeler, immaterieller Schaden
s. *Schmerzensgeld*

J

Jagdreiten, Jagdunfall
- eingeschränkter Schadenersatz 66 ff
- Teilnehmer- und Veranstalterhaftung für Zuschauer 75 ff
- strafrechtliche Teilnehmer- und Veranstalterhaftung 69 ff

K

Körperverletzung 54
- Haftung(sausschluß) des Arbeitgebers 92
- Teilnehmer- und Veranstalterhaftung
  - Schadenersatz für verletzte Zuschauer 76 f, 79, 109
  - strafrechtlich 69 ff, 111

kompensierende Tiergefahr
- Mitverschulden 31 f

L

Lehrherr
s. *Arbeitgeber*
Leinenfängerfall 98
Leistungsprüfungsordnung (LPO)
– als Wettkampfregel 28
Luxustiere
– Haftung für Reitpferde 13, 15
s. *auch Tierhalterhaftung*

M

Minderjährige
– Einwilligung der Erziehungsberechtigten bei Haftungsvereinbarung 34, **49 f**, 104 f
– Tierhalter(haftung) 103, 107
Mitverschulden 12, 61, 104, 107, 109
– geschädigter Autofahrer 54, 107
– Teilnahme am Reitunterricht 23 ff, 43 ff, 48
– und kompensierende Tiergefahr 31 f
– Zuschauer bei Pferdesportveranstaltungen 71 ff, 76 f
Mitverursachung
s. *Mitverschulden*
Muster
– Freizeichnungs- und Freistellungsrevers 33 f
– Haftungsausschluß bei Mietpferden 49 f
– Reitlehreranstellungsvertrag 86 f

N

Niedersachsen
– Reiten im Walde 60
Nordrhein-Westfalen
– Reiten im Walde 59
Nutztiere
– Haftung für Reitpferde 13, 110
s. *auch Tierhalterhaftung, Entlastungsbeweis*

O

Ordnungszweck
s. *Tierhalterhaftung (Schutzbereich)*
Organisationsmangel
– Haftung des Arbeitgebers 92
– Veranstalterhaftung 107

P

Parcoursaufbau
– Sorgfaltspflicht des Veranstalters 78 f
Personenschäden
– Haftung(sausschluß) des Arbeitgebers bei Arbeitsunfällen **91 ff**, 95 f
Pferde-Führen
– auf für Reiter gesperrten Waldwegen 55 f
– im Straßenverkehr 55 f
Pferdehalter
s. *Tierhalter*
Pferdesportveranstaltung
– Sicherheitsmaßnahmen
  – Reitjagd 71 ff
  – Springparcours 78 f
– Teilnehmer- und Veranstalterhaftung
– Schadenersatz für verletzte Zuschauer 76 f, 79, 107
– strafrechtlich 69 ff
Pferdewirt
s. *Reitlehrer*
positive Forderungs-, Vertragsverletzung
s. *vertragliche Haftung*

R

regelgerechte Reitsportübung
– Beweislast 29 f
– Haftungsfreistellung 27 ff
regelwidrge Reitsportausübung
– Beweislast 29 f
– Haftung 27 ff
Reichsversicherungsordnung
– Arbeitsunfall 10 f, **91 ff**, 111
– Auszug 111
Reitbahnunfall 21 f
Reiten im Walde
– Bundeswaldgesetz (§ 14) 57 ff
– Landesrecht 57 ff
Reitjagd
s. *Jagdreiten*
Reitlehrer
– Anstellungsvertrags(muster) 84 ff
– Ausbildungsordnung, Berufsausbildung, Prüfungswesen 81 f
– Auskünfte 82
– Berufsbezeichnung 80 ff
– Einstellung (Zeugnis, Auskünfte, Referenzen) 80 f
– Haftung beim Reitunterricht (haupt-, nebenamtlich) 10, 36 f, **38 ff**, 43 ff, 105 ff
– Beachtung der körperlichen Leistungsfähigkeit der Schüler 36 f
– Haftpflichtversicherung 39, 42, 83

- Haftung bei der Vorstellung fremder Pferde auf Turnieren 99
- Interessenvertretung 81 f
- Nebentätigkeit 84, 86
- Provisionsfrage bei Pferde(ver)kauf 84
- Rahmenregelung für freiberufliche Reitlehrer 83
- Schadenersatzansprüche bei Arbeitsunfall 90 ff, 95 ff
  - Grenzen des Berufsrisikos 97 f
- Sonderarbeitsamt 80 f
- Urlaub
  - freiberuflicher Reitlehrer 83
  - Angestellter 87, 100
  - finanzielle Abgeltung 100
- Verantwortlichkeitsbereich bei Unterstellung 88 f
- Weisungsgebundenheit 87

Reitpferde
- Haftung
  s. Tierhalterhaftung
- Luxus-/Nutztiere 13

Reitsport
- Gesundheitsschäden infolge körperlicher Besonderheiten 35 ff
- Haftung bei regelwidriger Ausübung 27 ff
- Handeln auf eigene Gefahr? 23 ff
- Sozialadäquant 22, **24**, 48

Reit(sport)veranstaltung
s. Pferdesportveranstaltung

Reitunfall
- Berufsunfall
  s. Arbeitsunfall
- Ersatzpflichtiger, Anspruchsgrundlagen 10
- Mitverschulden 12
  s. auch Mitverschulden
- Rechtsfolgen 9 f
  s. auch Schadenersatz, Schmerzensgeld
- körperliche Überbeanspruchung (innere Unfallursachen) 35 ff

Reitunterricht
s. auch Reitsport
- Haftungsausschluß 39, 49 ff
- Handeln auf eigene Gefahr? Mitverschulden **24 f**, 45 f, 48
  s. auch dort
- Vereins- und Reitlehrerhaftung **38 f**, **40 f**, 43 ff, 47 f, 106

Reitverein
s. Verein

Reitwart
s. Reitlehrer (Haftung beim Reitunterricht)

Reitwettkampf
- Haftungslage 27 ff

Rheinland-Pfalz
- Reiten im Walde 60

Richter
- Verrichtungsgehilfe des Turnierveranstalters 79

S

Schadenersatz, Schadenersatzanspruch, Schadenersatzpflicht 9 f, 103, 109, 111
- Arbeitsunfall 90 ff, 95 f
- Einschränkung bei Reitjagdunfall 66 ff
- Mitverschulden 12, 25, 31 f
- regelwidrige Reitsportausübung 27 ff
- Reitunterricht 36 f, **38** ff
  s. auch dort
- Vertragsverletzung 10, 66
- Teilnehmer- und Veranstaltungshaftung bei Pferdesportveranstaltung 75 ff, 79

Schleppjagd
s. Jagdreiten

Schleswig-Holstein
- Reiten im Walde 59 f

Schmerzensgeld 9 f, 103 f, 109, 111
- nicht bei Arbeitsunfall 10 f, 94

schuldhaft
s. Verschulden

Schutzbereich, -zweck
s. Tierhalterhaftung (Schutzbereich)

Schutzgesetz
s. gesetzliche Haftung

Selbstwiderspruch 28 f

Sicherheitsmaßnahmen
- bei Pferdesportveranstaltung 70 ff, 79

Sorgfaltspflicht(verletzung)
- bei Reitunterricht 39 ff, 47 f

sozial-adäquat
- Reitsport 22, **24**, 48

sozialer Zwang
s. Tierhalterhaftung (Schutzbereich)

Sozialversicherungsrecht
s. Unfallversicherung (gesetzliche)

Strafgesetzbuch
- Auszug 111

strafrechtliche Haftung
- im Straßenverkehr 53 f
- Teilnehmer und Veranstalter bei Pferdesportveranstaltung 69 ff

Straßenverkehr, Straßenverkehrsordnung, Straßenverkehrsrecht
- Auszug StVO 111
- Reiten und Führen von Pferden 55
- straf- und zivilrechtliche Haftung 53 f

T

Teilnehmerhaftung bei Pferdesportveranstaltung
- Schadenersatzpflicht für verletzte Zuschauer 76 f
- strafrechtlich 69 ff

Tiergefahr
- Begriff 54, 104
- Haftung
  s. Tierhalterhaftung

Tierhalter, Tierhalterhaftung
- kein Ausschluß zu Lasten Dritter 52
- Einschränkung bei Reitjagdunfall 67 f
- Entlastungsmöglichkeit 13, 104
  - Reitunterricht 43 ff
- Gefälligkeitsritt 14 f, 33 f, 49
- Haftung des Tierhalters 10, 13, 53, 66 f, 93 f, 104, 110
  - Reitunterricht 43 ff
- Haftungsausschluß 33 f, 49 f
  s. auch dort
- Halter (Begriff) 93, 103
- Mitverschulden 31 f, 61
  s. auch dort
- Pferdesportveranstaltung 76 f
- Schutzbereich 10 f, **15 f,** 18 ff, 96 f
  - Reitunterricht 43 f

Tierhalterhaftpflichtversicherung 33, 101

Tierhüter
- Begriff 92, 102
- Haftung 52, **92 f,** 103
  - Entlastungsmöglichkeit 110
- Versicherung 101

Treu und Glauben
- vollständige Haftungsfreistellung bei regelgerechter Reitsportausübung und Beweislastverteilung 28 ff, 109

Turnierteilnehmer und -veranstalter
- Sorgfaltspflicht bei Parcoursaufbau und Zuschauerabgrenzung 78 f
- Schadenersatzpflicht für verletzte Zuschauer 75 ff
- strafrechtliche Haftung 69 ff

U

Übungsleiter
s. Reitlehrer (Haftung beim Reitunterricht)
unerlaubte Handlung
s. gesetzliche Haftung
Unfallversicherung
- gesetzliche
  - Arbeitsunfall 91 ff
- Leistungsumfang 93 f, 111
- Verhältnis zum allgemeinen Schadenersatzrecht **91 ff,** 95 f
- private 101
- Leistungsumfang 102
- Vereinsmitglieder (Vereinstraining, Freizeitreiten) 101

unreiterliches Verhalten
- Schadenersatzpflicht für Reitjagdunfälle 67 f

Unterricht(spflichtverletzung)
- des Reitlehrers 36 f, **38 ff,** 47 f

Urlaub
s. Reitlehrer (Urlaub)

V

Veranstalter
- Ausschluß ungeeigneter Pferde 79
- Richter als Verrichtungsgehilfen 79
- Schadenersatzpflicht für verletzte Zuschauer, Verkehrssicherungspflicht 76 f, 78 f, 107
- strafrechtliche Haftung 69 ff

Verantwortlichkeit
- Gruppenausritt 62 ff
- nach allgemeinem Schadenersatzrecht 10

Verein
s. auch Veranstalter
- Haftpflichtversicherung 101
- Haftung 107
  - als Grundstückseigentümer 107 f, 110
  - für Erfüllungs-/Verrichtungsgehilfen 105 ff
  - für Organe, Vorstandsmitglieder 107, 109
  - Reitunterricht 38 f, 40 ff, 105 ff
  - Verkehrssicherungspflicht 105 ff

Verkehrssicherungspflicht
- Pferdesportveranstaltung 76 f, 79
- Veranstalter-/Vereinshaftung 105, 107

Verrichtungsgehilfe
- Entlastungsmöglichkeit 105 ff, 110
- Reitlehrer 105 ff, 110
- Richter bei Pferdesportveranstaltung 79

Verschulden(shaftung) 10
- Begriff 13, 66 f, 109
- im Strafrecht 54

Versicherung
- für (Freizeit-) Reiter und Tierhalter 101 f
  s. auch Haftpflicht-, Tierhalterhaftpflicht-, Unfallversicherung

vertragliche Haftung, Vertragsverletzung
- Arbeits-, Lehrvertrag 91 f
- Ausschluß

- Gefälligkeit 41
- Reitunterricht 47, 49 f
– Gruppenausritt 62 ff
- Beweislast 64
- Haftung für Erfüllungsgehilfen 64
– Reitunterricht
- Haftung des Vereins 38 f, 40 f, 105 f
- Haftung des Reitlehrers 39, 41, 47 f, 105 f
– Schadenersatzanspruch 10, 66
s. auch Schadenersatz
Verwendungsinteresse
s. Tierhalter (Halter)
Vorsatz
s. auch Verschulden(shaftung)
– kein Haftungsausschluß im voraus 50, 109
Vorwerfbarkeit
– „Sich-in-Gefahr-Begeben" 23 ff
s. auch Handeln auf eigene Gefahr, Mitverschulden

W

Waldgesetze
s. Reiten im Walde

Waldwege
s. Reiten im Walde
Wettkampf, Wettkampfregeln, Wettkampfspiele
– Haftung bei regelwidrigem Verhalten 27 ff

Z

zivilrechtliche Haftung
s. gesetzliche, Tierhalter-, vertragliche Haftung
Zufallshaftung
s. Tierhalterhaftung
Zuschauer
– Schadenersatzanspruch für Verletzung bei Pferdesportveranstaltung 75 ff, 79
– Mitverschulden 71 ff, 76 f
– strafrechtliche Teilnehmer- und Veranstalterhaftung 69 ff
Zuschauerabgrenzung
– Sorgfaltspflicht des Turnierveranstalters 78 f